COLEÇÃO e

entrevistas
rEFLEXOS

COLEÇÃO e

entrevistas
rEFLEXOS

SESC
SÃO PAULO

COLEÇÃO e

entrevistas
rEFLEXOS

Textos originalmente publicados na *Revista E* do Sesc São Paulo

eDGAR mORIN, gILBERTO mENDES, hAROLDO DE cAMPOS,
iNEZITA bARROSO, jORGE wERTHEIN, lUIS aLBERTO pEREIRA,
mARINA sILVA, mICHAEL bRENSON, pAULO aUTRAN,
rOBERTO rOMANO, tHOMAZ fARKAS

Projeto gráfico e retratos: wERNER sCHULZ
Foto da capa: pATRICIA yAMAMOTO
Diagramação: aNTONIO bARBOSA
Acompanhamento gráfico: eDUARDO bURATO

Editores: eRIVELTO bUSTO gARCIA, mIGUEL DE aLMEIDA

Edição: mIGUEL DE aLMEIDA
Assistência editorial: jULIO cESAR cALDEIRA, lUDMILA vILAR
Revisão: pRISCILA fONSECA

©Sesc São Paulo e Lazuli Editora

Todos os direitos reservados

São Paulo, 2003

sESC sÃO pAULO

Av. Paulista, 119
01311-903 - CP 6643 - São Paulo - SP
Tel.: (11) 3179-3400
Fax: (11) 288-6206

lAZULI eDITORA

Atendimento a livrarias:
Tel./Fax: (11) 3819-6077
comercial@lazuli.com.br
www.lazuli.com.br

ÍNDICE

eDGAR mORIN	7
gILBERTO mENDES	17
hAROLDO DE cAMPOS	25
iNEZITA bARROSO	33
jORGE wERTHEIN	47
lUIS aLBERTO pEREIRA	55
mARINA sILVA	63
mICHAEL bRENSON	73
pAULO aUTRAN	85
rOBERTO rOMANO	97
tHOMAZ fARKAS	109

eDGAR MORIN

eDGAR mORIN

O pensador Edgar Morin nasceu em Paris em 8 de julho de 1921. Sociólogo, antropólogo, historiador e filósofo, Morin é considerado um dos maiores intelectuais contemporâneos, sendo o fundador do Centro de Estudos Transdisciplinares da Escola de Altos Estudos em Ciências Sociais de Paris. Sua trajetória de vida é marcada por um firme posicionamento no que concerne às questões cruciais de seu tempo, o que se reflete na maior parte de sua produção intelectual. Pensador de expressão internacional é um humanista preocupado com a elaboração de um método capaz de apreender a complexidade do real, tecendo severas críticas à fragmentação do conhecimento. Morin é um apaixonado pelas artes e ciências, e não dispensa a polêmica. Ele nos propõe uma reforma do pensamento por meio de um ensino transdisciplinar capaz de formar cidadãos planetários, solidários e éticos, aptos a enfrentar os desafios dos tempos atuais, defendendo a formação de um indivíduo intelectualmente polivalente. Na entrevista a seguir, Morin discorre sobre a existência de duas mundializações: uma ligada ao capital e, portanto, nociva; enquanto uma outra conduz ao congraçamento e à alteridade. E fala ainda sobre a importância de reformar o pensamento em benefício do próprio ser humano, para que se possa enfrentar com mais instrumentos a complexidade dos problemas e da existência.

DIANTE DA REVOLUÇÃO TECNOLÓGICA, DO FIM DO COMUNISMO, DA SUPREMACIA DO CAPITALISMO, DA INTERNET E DE TODAS ESSAS REVOLUÇÕES, O MUNDO ESTÁ MELHOR? PODEMOS SER OTIMISTAS?

As palavras otimismo e pessimismo, a meu ver, não têm sentido, porque o futuro é incerto. Podemos dizer que a queda do comunismo totalitário é um acontecimento positivo. Porém, em contrapartida, podemos afirmar que o liberalismo econômico não resolverá todos os problemas, além de ser um potencial criador de novos problemas. O desenvolvimento tecnológico sempre foi ambivalente: se a técnica permite liberar os humanos de muitos trabalhos cansativos, por meio da introdução das máquinas nas indústrias, por exemplo, ao mesmo tempo, sujeitou-nos à sua lógica, ou seja, a lógica da nação artificial. Os trabalhadores tiveram de se sujeitar à lógica das máquinas, à cronometragem, à especialização, etc. A Internet, que permite múltiplas comunicações, favorece o tráfico financeiro, as máfias, etc. Não podemos pensar que o desenvolvimento tecnológico e econômico propiciará o desenvolvimento moral, psicológico e humano. É preciso entrar no próximo milênio refletindo sobre o que foi o nosso século, que trouxe muitas mortes: morte com as duas guerras mundiais e com os campos de concentração, trouxe a ameaça mortal com o desenvolvimento das armas atômicas e também uma outra ameaça sobre a biosfera, sobre a própria vida. O que existe como germe de um sentimento positivo encontra-se na multiplicação das comunicações no planeta, no fato de que todos os humanos, onde quer que estejam, têm problemas de vida e de morte semelhantes. A atualidade demonstra que todos os habitantes do planeta vivem em uma mesma comunidade de destino. O problema é, portanto, saber se nós tomaremos consciência desse destino em comum e se faremos uma outra mundialização. O que isso quer dizer? A mundialização que aí se apresenta é baseada na técnica e na economia. Mas existe uma segunda mundialização minoritária que aponta para a mundialização das idéias de humanismo, de democracia, da compreensão entre os povos e mesmo da cidadania terrestre. Por exemplo, hoje, a Anistia Internacional, o Greenpeace, os Médicos sem Fronteiras, muitas ONGs são cidadãos do planeta, ou seja, não se interessam apenas pelas suas respectivas nações. A meu ver, a segunda mundialização é aquela que poderia fazer da Terra uma pátria comum, sem que percamos nossa pátria de origem. Essa é a incerteza do próximo século. Como eu não sou profeta, não posso dizer o que vai acontecer.

ALGUNS ECONOMISTAS, BASICAMENTE AMERICANOS, COMEÇAM A PENSAR QUE TODA ESSA TECNOLOGIA, ENTRANDO NO COTIDIANO DAS PESSOAS, PERMITIRÁ QUE HAJA UMA DISTRIBUIÇÃO DE RENDA MAIS CORRETA, HONESTA, ENFIM, MAIS JUSTA. QUAL É A SUA OPINIÃO?

O desenvolvimento das produções das culturas de cereais, de arroz e a aquacultura permitem, hoje em dia, alimentar todos os seres humanos. Mas os famintos existem, os problemas de desnutrição continuam porque, quando se ajuda um país que sofre de fome, a maior parte dos recursos é desviada pelas máfias, pela burocracia e pela corrupção. E os economistas sempre cometem erros, próprios deles, julgando que é a Economia que pode resolver todos os problemas. Eles, até o presente momento, freqüentemente se enganaram, incapazes de evitar as crises e de prever o futuro, pois a Economia é uma ciência fechada que não se dá conta de todos os aspectos, sejam psicológicos, sociais, culturais ou históricos. A Economia não está separada do mundo. Um grande economista liberal, Friederich Von Hayeck, disse que um economista que é somente economista é um animal pernicioso.

UM SOCIÓLOGO AMERICANO CHAMADO RICHARD SENNET LANÇOU UM LIVRO NO QUAL DEFENDE A IDÉIA DE QUE A GLOBALIZAÇÃO ACABARÁ COM A SOLIDARIEDADE DOS TRABALHADORES E, PORTANTO, COM A ÉTICA DELES. ELE DIZ QUE SEM SOLIDARIEDADE NÃO HÁ ÉTICA. O QUE O SENHOR PENSA SOBRE ISSO?

A crise da solidariedade começou antes da globalização atual, pois em todos os países economicamente desenvolvidos existe o individualismo exagerado, oriundo da degradação de antigas solidariedades, como a familiar, da cidade, do bairro, etc. A integração num trabalho especializado fecha o indivíduo num pequeno setor e o impede de ver os problemas globais. O desenvolvimento adotado pelas economias monetárias também vai num sentido contrário ao da solidariedade. Surge, dessa situação, a crise da solidariedade, ou seja, uma crise da ética. O alimento para a crise é a extensão do liberalismo econômico no mundo inteiro. Mas, a meu ver, a resposta a essa crise está na regeneração da solidariedade e se tomarmos consciência de que somos cidadãos de um mesmo planeta, de que teremos todos os mesmos problemas vitais e de que devemos civilizar a Terra, poderemos tornar a ser solidários. É por isso que eu digo que existe uma segunda globalização mais importante e que vai no sentido contrário à primeira, mas que, infelizmente, é muito mais frágil.

O QUE O SENHOR ENTENDE POR ECOLOGIA DA AÇÃO?

Quando empreendemos uma ação, especialmente no domínio público ou social, esta ação, quando ingressa no meio social e econômico, vai parar de obedecer às nossas intenções, pois sofrerá diferentes influências e se desviará do seu sentido, rumando muitas vezes em sentido contrário à nossa vontade. Isso significa que não é suficiente termos boas intenções. É preciso termos boas estratégias para impedir que a ação tome um sentido contrário. É disso que geralmente nos esquecemos: de que a ação escapa do seu autor e de que freqüentemente pode ter conseqüências inversas da sua intenção inicial.

O SENHOR AFIRMA QUE O HOMEM HABITA A TERRA AO MESMO TEMPO PROSAICA E POETICAMENTE. SERÁ QUE PODE NOS DESENVOLVER ESSA IDÉIA?

Prosa e poesia não são apenas gêneros literários. São duas maneiras de viver. Quando vivemos prosaicamente, realizamos coisas obrigatórias, por vezes entediantes. Coisas que não nos trazem emoção e que, algumas vezes, são atividades cansativas. Somos obrigados a realizar certas atividades prosaicas para sobreviver e para ganhar a vida, por exemplo. A qualidade poética da vida é a qualidade que encontramos na comunhão entre as pessoas: nas festas, no fervor, no amor, no futebol, nos poemas, enfim, em todas as coisas que dão uma intensidade afetiva. A meu ver, existe um excesso de prosa na vida porque obedecemos muito à lógica das máquinas artificiais, às inteligências artificiais, e não olhamos suficientemente para a lógica do ser vivo, uma lógica segundo a qual viver é expandir-se afetiva e intelectualmente.

A MEDICINA PARECE ESTAR CONSEGUINDO RESULTADOS POSITIVOS PARA PROLONGAR A VIDA DO HOMEM. COMO FICA A MORTE DIANTE DESSA POSSIBILIDADE?

Até o momento, o prolongamento da vida humana não é sempre um prolongamento da vida de seres humanos com plena saúde, de posse de suas forças físicas. Prolonga-se a vida dos seres humanos em estado de enfermidade lamentável. Portanto, a solução não está em prolongar a quantidade de vida; é preciso agregar qualidade. Seja em qualquer medida, o prolongamento da vida terá um limite, ele não será capaz de suprimir a morte. A morte restará como um problema fundamental para o ser humano. Hoje em dia, nas condições culturais em que nos encontramos, as pessoas gastam muito tempo tentando reencontrar a si próprias, em saber o que são, o que elas querem, mas, freqüentemente, descobrem as respostas tarde. Muitas pessoas envelhecem sem realizar aquilo que gostariam de ter realizado.

NESTE SÉCULO, O HOMEM CONSEGUIU PROMOVER DUAS COISAS EXTREMAMENTE CONTRADITÓRIAS: NUNCA MATOU TANTO O SER HUMANO, E, AO MESMO TEMPO, NUNCA EVOLUIU TANTO NO CONHECIMENTO, NAS CIÊNCIAS, NA FILOSOFIA E NA COMPREENSÃO DO HOMEM. COMO O SENHOR ANALISA ESSA CONTRADIÇÃO?

Na medida em que o homem detém o conhecimento especializado em múltiplos domínios, os progressos do conhecimento não são suficientes. Nós detemos um conhecimento capaz de religar todos os elementos separados num pensamento mais rico e global. O conhecimento científico não traz, por si só, a conseqüência moral. A Ciência é conhecer por conhecer. A moral é outra coisa. Portanto, temos sempre o mesmo problema que se traduz num déficit ético. Além do mais, a Ciência possui dois aspectos: o de conhecimentos maravilhosos e o destrutivo, como a bomba atômica e a manipulação genética. A técnica foi colocada a serviço da barbárie e vimos isso durante as duas guerras mundiais. Ainda não saímos, digamos, da barbárie do espírito humano para ingressar em uma época civilizada.

O QUE O SENHOR ENTENDE POR PENSAMENTO COMPLEXO? COMO PODE SER ENGENDRADA A REFORMA DO PENSAMENTO?

Nós vivemos numa época em que o ensino nos ensina a separar as coisas e não a religá-las. Um bom conhecimento é um conhecimento capaz de apreender (captar) a complexidade daquilo que se passa, além de situar as informações num contexto, considerando os fenômenos globais. A complexidade é tudo o que está misturado. Podemos salientar que o conhecimento é insuficiente em relação a toda a complexidade dos problemas do planeta e da humanidade em geral. Eu acredito que é preciso reformar o pensamento, ou seja, reformar o ensino, pois os espíritos devem estar preparados para enfrentar a complexidade do mundo. Eu insisto, também, que em nenhum lugar nos ensinam como afrontar a incerteza. O destino humano, individual ou histórico, é incerto. A meu ver, existe muita reforma de pensamento a ser realizada para que sejamos capazes de nos defrontarmos com as tarefas gigantescas do século que chega. Vivemos em uma época em que o mundo está no interior de cada um de nós: de manhã, lendo o noticiário europeu, tomo um café que vem do Brasil e um chá que vem da Índia. O mundo está no interior de mim mesmo. Nas favelas brasileiras, o mundo está presente de uma outra maneira, porque o desenvolvimento da monocultura expulsou os camponeses de sua terra. Nessa favela são utilizados o alumínio e o material plástico que vêm desta civilização mundial.

ANDRÉ BRETON, NUMA DAS MÁXIMAS SOBRE O SURREALISMO, DISSE QUE ERA IMPORTANTE NÃO SEPARARMOS A ARTE DA VIDA, POIS ARTE E VIDA SÃO UMA COISA SÓ. ISSO É POSSÍVEL AINDA HOJE?

É uma idéia muito justa. André Breton, a quem tive a honra de conhecer pessoalmente, tinha, assim como os surrealistas, a idéia de que a poesia devia ser vivida. Isso significa que a arte não é um luxo, lazer ou divertimento. A arte nos fala de nós mesmos, dos problemas de nossa vida. Se tomarmos, por exemplo, a última obra de Beethoven, no final, ele quis escrever o sentido de sua música. Ele escreveu: *Mussen es seinen? Es mussen sein* (É possível todas as tragédias da vida, todas as dores da vida, todas as dificuldades da vida? Sim, é possível). A primeira frase é a revolta contra o destino e a segunda nos diz que é preciso aceitá-lo. Beethoven nos deixa diante de suas contradições. Cada um de nós deve se revoltar contra o destino e aceitá-lo ao mesmo tempo.

NESTE SÉCULO, NOS DEPARAMOS COM DUAS CONCEPÇÕES FILOSÓFICAS DISTINTAS, A DE JEAN PAUL SARTRE E A DE ALBERT CAMUS. A QUAL PENSAMENTO O SENHOR SE FILIARIA, NA VISÃO QUE CAMUS TINHA DA VIDA EM ESPECIAL, OU EM SARTRE, COM SUA VISÃO EXISTENCIAL E POLÍTICA?

É evidente que, sob o plano político e moral, me filio a Albert Camus, porque Sartre mistificou os falsos julgamentos políticos, notadamente sobre a União Soviética, o comunismo, etc. Albert Camus, desde o lançamento da bomba atômica sobre Hiroshima, viu que esse fato representava uma tragédia para a humanidade. Sartre não percebeu isso. Camus permaneceu um personagem ético e político muito importante. Existem aspectos na filosofia de Sartre que são muito interessantes, mas eu creio que Camus se mostrou à altura dos desafios do século e Sartre respondeu muito mal aos mesmos desafios.

SOBRE A QUESTÃO DO FEMINISMO NESTE SÉCULO: A MULHER DESEMPENHANDO UM PAPEL IGUAL AO DO HOMEM, E O HOMEM OCUPANDO UM LUGAR ÀS VEZES IGUAL AO DA MULHER. DO PONTO DE VISTA DO EQUILÍBRIO SOCIAL, O SENHOR ACREDITA QUE OS ESPAÇOS AVANÇARAM?

O equilíbrio pode se realizar quando a mulher, por meio da emancipação, passar a realizar atividades que, antigamente, eram reservadas aos homens. O homem também exerce atividades reservadas às mulheres, como lavar a louça, cuidar das crianças, etc. O equilíbrio ocorre quando há uma relativa feminilização do homem e uma relativa masculinização da mulher.

gILBERTO MENDES

gilberto mendes

Nascido, na cidade de Santos, litoral de São Paulo, em 1922, o compositor Gilberto Mendes iniciou seus estudos musicais aos 18 anos num conservatório local. Praticamente autodidata em composição, Mendes foi atento aluno de Cláudio Santoro e Oliver Toni. É um dos signatários do Manifesto de Música Nova, em 1963, quando juntamente com outros jovens companheiros defendeu a prática de uma "nova música". Influenciado pelo arrojo de Darmstadt e pela revolução proposta por John Cage, começou a realizar projetos de "antimúsica" e de espetáculos musicais cênicos, destacando-se como precursor no Brasil da chamada música aleatória e do teatro instrumental. Aos 80 anos de idade, Gilberto Mendes é, hoje, um dos compositores brasileiros de música contemporânea mais respeitados (e gravados) no exterior. Suas composições vêm sendo registradas em estúdios americanos e europeus por intérpretes e instrumentistas de primeira linha no cenário mundial. Criador do Festival de Música Nova, ao lado de Rogério Duprat e Willy Correa de Oliveira, em 1962, Gilberto Mendes transformou-se logo numa referência a compositores interessados em romper as rígidas estruturas da canção contemporâ-

nea. Não à toa, o festival já se encontra em sua 41ª edição e seu nome está incluído no rol de grandes autores no papel de renovador.

O MELHOR PONTO PARA COMEÇARMOS TALVEZ SEJA DO ATUAL MOMENTO. O SENHOR ESTÁ BASICAMENTE COMPONDO AGORA? aLGUMA MÚSICA NOVA?

Somente uma. É que no ano passado eu passei por uma crise com o governo de Santos – profundamente anticultural, diga-se de passagem. Em protesto contra a retirada de dois concertos fundamentais para o Festival de Música Nova, disse a eles que, se eles cancelassem esses concertos, cancelaria o Festival. E foi o que aconteceu. Não queria fazer um festivalzinho vagabundo. Mas houve um rebolição muito grande na cidade, houve manifestações do pessoal de teatro na Câmara de Vereadores, caras pintadas e essas coisas – os atores são sempre espalhafatosos. Fiquei até surpreso. Prova de que, ao menos por esse lado, sou muito estimado. Veio uma carta de solidariedade até de Nova York.

é QUE O fESTIVAL DE mÚSICA nOVA SE TORNOU TRADICIONAL.

Ia fazer 40 anos. Recebo correspondência do mundo todo por causa do Festival, recebo ofertas muito atraentes. Aliás, os opositores do Festival – na verdade, apenas um: o governo – me acusavam de não ser um bom produtor. Mas desde quando sou produtor? Sou um compositor. O Festival é um negócio que eu faço por amor, pela divulgação da música, é uma coisa que foi acontecendo ao longo dos anos. Se fosse produtor iria querer ganhar dinheiro com o negócio, se fosse empresário viveria disso. Quando, na verdade, ponho dinheiro do meu bolso todos os anos.

COMO SURGIU A IDÉIA DE FAZER ESTE fESTIVAL?

Ele nasceu em 1962. Foi naquela época que a gente lançou o Manifesto de Música Nova na revista *Invenção*, dos poetas concretos. Éramos eu, Willy Correa de Oliveira, Rogério Duprat, Damiano Cozzela e com grande apoio do pessoal da poesia concreta: Haroldo de Campos, Augusto de Campos e Décio Pignatari. Na verdade, o Festival é até anterior ao Manifesto, que data de 1963. A idéia original era basicamente mostrar a nossa música. A gente estava tomando uma posição do que era a música brasileira, com manifestos, debates e um grande apoio da imprensa, que naquela época gostava dessas coisas. Aos poucos, o Festival foi crescendo com a presença daqueles que nos acompanhavam.

olhando para esse festival hoje, 41 anos depois, que tipo de avaliação o senhor faz dele?

Aquilo foi fruto de um momento, não daquele momento, mas de uma era, digamos assim. Houve um tempo em que se gostava muito de polêmica, de tomadas de posição. Hoje em dia ninguém mais toma posição de nada. Você pode fazer o que quiser que ninguém discute, está cada um na sua. Mas naquele tempo era diferente. Lembro-me que dez anos antes um grupo do Rio de Janeiro, com o Koellreuter, lançou o Manifesto de Música Viva. A gente estava nessa época, queria uma renovação da música brasileira, a qual considerávamos muito atrasada em relação ao que se fazia no mundo. A linguagem musical tinha tomado outros caminhos, tinha se desenvolvido muito, novos materiais para compor música eletrônica, música concreta, a idéia da música aleatória, do teatro musical, enfim, uma série de coisas das quais o Brasil estava por fora com aquela sua proposta nacionalista que vinha ainda do tempo de Mário de Andrade, um grande doutrinador. Tudo bem, aquilo foi válido, mas para o tempo dele. Só que os tempos eram outros e nós queríamos uma renovação. Foi por isso que lançamos uma proposta nova através de um manifesto. Porém, aquilo foi a bandeira de um começo de um tipo de luta. Afinal, decorridos 40 anos, nos perguntamos se aquilo valeu. Acho que sim, sobretudo pelo incentivo que nós mesmos nos demos, pela luta de fazer uma música diferente e tudo o mais. Só que tudo caduca, tudo tem o seu tempo e o Manifesto também. Logo, ele não tem, hoje, importância nenhuma. O que vale é o que aquilo nos impulsionou a fazer como música.

e sobre a produção desse grupo ao qual o senhor pertencia? nós conseguimos ter uma música brasileira de qualidade?

Sem a menor dúvida. O Brasil esteve muito atrelado à música francesa e russa no tempo de Villa-Lobos e do próprio Camargo

Guarnieri. O grupo do Koellreuter trouxe para o Brasil técnicas alemãs de composição, uma nova visão da música que o Brasil não conhecia.

O SENHOR SE REFERE AO DODECAFONISMO?

Ele principalmente. Embora ninguém do nosso grupo tivesse contato com Koellreuter – não éramos seus alunos e nem estávamos propriamente retomando a sua bandeira –, o que havia em comum era a idéia de renovação, a gente partiu de uma linha alemã de música, que predominou, no mundo todo, durante uns 30 anos. Nós todos trouxemos essa inovação para a música brasileira, sem dúvida nenhuma. Houve muita polêmica na época, muita discussão, mas foi justamente disso que foram surgindo novos adeptos, novas gerações de músicos que foram direta ou indiretamente influenciados por esse início que demos de uma renovação. Começaram a surgir compositores no Rio, na Bahia e em outros lugares fazendo a mesma coisa. Ou seja, sem dúvida, demos o chute inicial.

AO CONTRÁRIO DE ROGÉRIO DUPRAT, QUE TEVE UMA LIGAÇÃO COM A MÚSICA POPULAR BRASILEIRA, O SENHOR NUNCA SE ENCANTOU POR ELA, NÃO?

Não por um lado. Aliás, em recentes entrevistas venho dizendo que me sinto três ou mais compositores – o que não significa que eu tenha três ou mais estilos –, mas, enfim, minha música, às vezes, beira o popular. Quando faço canções, a minha música é quase popular. Mas também não é. Nesse ponto diria que sou bem como Villa-Lobos, a natureza brasileira, latino-americana, de abertura, muitos caminhos. O Villa-Lobos também parece explicitamente popular, mas se você olha bem não é. Assim é comigo. Diria que tenho essa aproximação com a música popular mesmo porque eu gosto muito, embora a minha música de formação na área popular seja a norte-americana, infelizmente. Eu fui formado pelo rádio – como no filme de Woody Allen – que ouvia e me deliciava. Tem até um livro que escrevi, que foi minha tese de doutorado na USP, chamado *Uma Odisséia Musical*. Numa boa parte desse livro trato desse assunto, da minha ligação com o popular.

SOBRE A ÉPOCA EM QUE FOI LANÇADO O MANIFESTO, O SENHOR FALOU UMA COISA INTERESSANTE SOBRE O NACIONALISMO VINDO DE MÁRIO DE ANDRADE. COMO ERA ESSA QUESTÃO DA ABERTURA PARA O MUNDO QUANDO O PAÍS ESTAVA VOLTADO PARA SI PRÓPRIO?

É preciso que se compreenda que esse nacionalismo foi um movimento de vanguarda em sua época. Ele surge no século 19, em pleno Romantismo, como uma bandeira de modernidade em países como a Rússia e a Polônia, que não tinham a mesma tradição da Alemanha e da França e viram no nacionalismo uma maneira de ter uma presença na música. E isso se projeta no século 20, nas primeiras décadas. Se pegar o Stravinsky, por exemplo, você vê que, como o Villa-Lobos, ele tem um resíduo forte de nacionalismo em sua música. Chopin fez música com base no nacional. Ou seja, esse nacionalismo das primeiras décadas no Brasil, com o próprio Mário de Andrade, era uma bandeira modernista. Só que tudo muda, se transforma, até que deixa de ser. E aqui no Brasil foi muito forte, coincidiu ainda com aquelas discussões entre um partido político e o manifesto de Zadanov, um teórico soviético que foi muito discutido nos anos de 1950. E o Camargo Guarnieri foi fundo nisso, escreveu aquela carta aberta contra o dodecafonismo, contra o Koellreuter.

E COMO ERA A REAÇÃO DA ÉPOCA AO MANIFESTO?

A música brasileira era muito marcada pelos nacionalistas. Nós é que éramos contra. Sem falar que o próprio Partidão, por causa dessa discussão do Zadanov, deu força a ele, e compositores que começaram a fazer dodecafonismo, como Santoro, por exemplo, largaram para seguir o partido. Isso deu muita força para o nacionalismo num momento em que, no mundo, ninguém estava ligando mais para isso, só o Brasil. Logo, tomamos essa bandeira, para dizer que podíamos continuar na esquerda, mas não precisávamos por isso ficar fazendo música inspirada no folclore. Há outras coisas a fazer. O próprio nacionalismo de Villa-Lobos é apenas um aspecto da música dele.

PODER-SE-IA DIZER, ENTÃO, QUE O PARTIDÃO ATRASOU O DESENVOLVIMENTO DA MÚSICA BRASILEIRA?

Nesse aspecto acho que sim, houve uma refreada. Já tinha começado uma certa atualização com a geração do Cláudio Santoro, Guerra Peixe, da Eunice Catunda. Isso era uma renovação que foi truncada pelo Partidão. Eram todos comunistas, e nós também. Eu me lembro que fazia música para as gavetas, mas que eram músicas cosmopolitas – burguesas, como dizia o Partidão. Até que deixei de fazê-las. Fiz muita música nacionalista nessa época.

e O SENHOR GOSTAVA DESSA MÚSICA NACIONALISTA?
Tenho até um certo cuidado para contar isso. Alguns compositores, como o Rogério e outros, podem até ter jogado fora. Eu, que sempre tive posições, mas nunca fui radical, não joguei. Eram porcarias, mas eu tinha feito, não adianta jogar fora. Então guardei como recordação. Com o tempo passei a ser professor na USP, etc., e meus colegas, sobretudo o pianista José Eduardo Martins, começaram a pesquisar minha vida. Conversávamos muito e José Eduardo quis ver essas músicas antigas. Acabei mostrando para ele e não é que tocou todas?

e COMO LHE SOARAM?
Pós-modernas. Curiosamente, minha produção dessa época está agradando muito como algo com um certo ar de pós-modernismo, que parece ter voltado. Um interesse por coisas étnicas etc., que ela tem. Mês de março, foi editada na Bélgica a minha *Sonatinha Mozartiana*, uma paródia que fiz de Mozart com ritmos brasileiros. Há um pianista norte-americano que a toca nos EUA, no Caribe, já gravou e tudo o mais. E veja você que as compus em 1953. Dia desses recebi um telefonema de uma professora da Universidade do Texas que tinha ouvido esse pianista e tinha ficado muito intrigada com a peça. Queria saber como obter a partitura. Acabei mandando uma cópia do manuscrito para ela. E há outras. Tem um ponteio – essa já de uma fase bem nacionalista mesmo – que fiz para orquestra. Na época eu não era conhecido e não tinha nem para quem mostrar, participei de um concurso, mas não ganhei. Ela ficou guardada. Recentemente, um maestro aqui de Santos quis ver essa peça e tocou. E não é que ela soou bem? Eu, que sempre pensei em algum dia fazer uma revisão dela, acabei descobrindo que não há nada a rever.

hAROLDO DE cAMPOS

Haroldo de Campos

Haroldo de Campos (1929 – 2003), poeta, ensaísta, crítico e tradutor, nascido em São Paulo, exerceu grande influência sobre a poesia contemporânea como um dos fundadores do Movimento Concreto na década de 1950.

A atividade intelectual de Haroldo de Campos entrou para a História junto com os grandes acontecimentos da própria cultura brasileira dos últimos 50 anos, da qual ele foi um dos seus melhores maestros. Ao longo de sua produção, escreveu poesia, ensaios, realizou resgates culturais – como os poetas Joaquim de Sousândrade, Pedro Kilkerry e Gregório de Matos Guerra – e protagonizou célebres polêmicas literárias.

Também foi um celebrado tradutor. Desde o movimento da poesia concreta, no qual somou criações que ocuparam espaços de destaque no cenário da nossa melhor produção, Haroldo incluiu em seu currículo a publicação da monumental "transcriação", como ele chamava, de A Ilíada de Homero, além de releituras de trechos da Bíblia. Traduziu também outros grandes poetas, como Dante Alighieri, Ezra Pound e Mallarmé.

Procurando sempre criar uma poesia objetiva, ligada a outras formas de comunicação – como a música, a pintura, a arquitetura, as artes gráficas, os quadrinhos, os cartazes e o cinema – Haroldo, em conjunto com seu irmão Augusto de Campos e o também poeta Décio Pignatari, apresentou uma

nova técnica de tradução que considerava os aspectos poéticos na linguagem.
Na entrevista a seguir, realizada em abril de 2003, o poeta comentou com exclusividade à Revista E, como enfrentava a tradução de obras consideradas difíceis, falou de seu papel de ensaísta, e analisou as diferenças entre as poesias de Carlos Drummond de Andrade e João Cabral de Melo Neto.

O SENHOR TRADUZIU TODA a iLÍADA DE hOMERO. é UM TRABALHO QUE LHE CONSUMIU DEZ ANOS DE VIDA. aTÉ QUE PONTO NÃO TERIA SIDO MELHOR PARA A CULTURA BRASILEIRA O SENHOR TER FEITO MAIS LIVROS SEUS EM VEZ DE VERTER DO GREGO PARA O PORTUGUÊS UM TEXTO CLÁSSICO?

Não deixei, no interregno, de publicar outros livros de poemas meus, como, por exemplo, *Crisantempo* (Editora Perspectiva) e *A Máquina do Mundo Repensada* (Ateliê Editora). Quanto à minha "trans-helenização" de *A Ilíada*, não esquecer que o grande estudioso Auerbach considera os *Poemas Homéricos* e a *Bíblia* hebraica as duas matrizes da poesia do Ocidente. O Brasil, embora os historiadores literários nossos pareçam não se dar conta disso, tem uma esplêndida linhagem de tradutores humanistas. *A Ilíada* e *A Odisséia* foram traduzidas por Odorico Mendes (1799-1864). Outro maranhense, Carlos Alberto Nunes, repete-lhe o feito nas décadas de 1940/1950, traduzindo novamente os dois *Poemas Homéricos*. Minhas "transcriações", ademais, correspondem a uma concepção teórica de tradução criativa (*Umdichtung*/transpoetização/transcriação). Está em patamar de igualdade com a poesia (*Dichtung*) que lhe serve de fonte. Aliás, como afirmava não um teórico, mas um exímio prático da tradução, o pré-rafaelita pintor, poeta e tradutor de poesia italiana medieval Dante Gabriel Rossetti, a diretiva básica da tradução poética é: "*a good poem shall not be turned in a bad one*" ("um bom poema não deverá ser transformado num poema ruim").

O SENHOR AFIRMA QUE SUAS TRADUÇÕES SÃO TRANSCRIAÇÕES. pODERIA EXPLICAR O QUE SERIAM TRANSCRIAÇÕES? cOMO ELA SE MANIFESTA NUM TEXTO TRADUZIDO?

Transcriação é um conceito de que me valho em correspondência aos de *creative transposition* (transposição criativa), de R. Jakobson, e de *Umdichtung* (trans-ou-circunpoetização), de W. Benjamin. Significa semiótico-operacionalmente, não apenas verter o conteúdo (a semântica) do poema de origem, mas transpor-lhe a forma significante (todos os elementos pertinentes às duas dimensões conhecidas pelo pai da Glossemática, o lingüista dinamarquês Hjelmsleu). No plano da forma do conteúdo trata-se de "desenhos sintáticos", traços morfológicos, de estrutura gramatical ou, para Jakobson, da poesia da gramática; para E. Pound, da logopéia.

O SENHOR AJUDOU A TRAZER AO PORTUGUÊS DO bRASIL VÁRIAS OBRAS. qUAL DELAS DEU-LHE MAIS PRAZER EM TRANSCRIAR?

Minha escolha de textos a traduzir é sempre crítica. Não traduzo por encomenda, ou ao léu; traduzo por dever de ofício e pelo prazer textual (de que fala Barthes). Só me interessam, geralmente, textos difíceis, declarados de "tradução impossível". A alta "temperatura estética" (Max Bense) dos textos de partida é essencial à operação "transcriadora". Assim, não posso fazer a distinção objetiva através da pergunta. Todo o texto, que proponho transladar, é singularizado e fascinante. *Solo lo difícil es estimulante* [Lezama].

O SENHOR NÃO ACHA QUE O SEU TRABALHO COMO TRANSCRIADOR TIROU-O DO EMBATE CULTURAL CONTEMPORÂNEO DO bRASIL? O SENHOR SEMPRE TEVE UMA PRESENÇA MARCANTE NOS CADERNOS CULTURAIS COMO POLEMISTA, COMO ENSAÍSTA, TRATANDO DE TEMAS DA ATUALIDADE POÉTICA E CULTURAL. iSSO NÃO VEM OCORRENDO JÁ HÁ ALGUNS ANOS.

Não. Continuo a trabalhar intensamente nos campos crítico-historiográfico e crítico-literário. Basta mencionar *O Seqüestro do Barroco na Formação da Literatura: o Caso Gregório de Mattos* (Salvador: Fundação Casa de Jorge Amado). Esse ensaio longo, já vertido para o espanhol e o inglês, provocou e ainda provoca ressentidas restrições (acusações de plágio, de tanger uma linguagem chula, desbocada, até mesmo pornográfica). Há intervenções, no plano da crítica, que envolvem, por necessidade, a polêmica. Recuso-me a aceitar como dogmaticamente verdadeiros os ditames da crítica e da historiografia literária. *O Seqüestro...*, passadas três décadas de publicação na revista *Formação*, é, até onde sei, o primeiro e único ensaio crítico sobre esse livro tão fundamental. Quanto à "contemporarização compadrista" da intelectualidade brasileira, é algo que não me toca e não me aflige. Sou inflexível quanto aos meus critérios de julgamento das obras, não cedo à adulação e prefiro perder amigos (ou pseudo-amigos) do que manter elos de amizade baseados na "geléia geral", como dizia Décio Pignatari, da insossa recepção cordial "camarada"...

ALGUNS CRÍTICOS COSTUMAM AFIRMAR QUE A MAIOR HERANÇA DO MOVIMENTO CONCRETO SERÁ SUA PRODUÇÃO ENSAÍSTICA E NÃO A PRODUÇÃO POÉTICA. O QUE SENHOR PENSA DISSO?
A polêmica agressiva, na fase "heróica", de lançamento e sustentação de uma revolução literária, é algo absolutamente necessário, para espatifar a parede bruta da incompreensão reacionária. Em minha atual etapa da vida, regida pela maturação e pelo sereno exercício da sabedoria, a "polêmica" segue me interessando, porém uma polêmica de idéias, de "discussão em alto nível".

COSTUMA-SE DIZER QUE CHICO BUARQUE TERIA MUITO DA PRÁXIS, ENQUANTO CAETANO VELOSO TERIA SIDO MAIS INFLUENCIADO (EM ALGUMAS CANÇÕES) PELA CONCRETA. O SENHOR CONCORDA?
Técnicas de redundância e repetição jornalístico-enfatizadora, de linguagem econômica e concisa fazem parte do arsenal de nosso poético, desde El Rei Trovador, Dom Diniz. Passaram para as trovas dos cantadores populares e chegaram até a voz dos sofisticados cantores populares, como Chico Buarque de Holanda. É tolice, portanto, falar de alguma influência "pontual" no caso. Quanto à influência da poesia concreta nos baianos, basta ler o *Verdade Tropical*, do Caetano, para compreender como é multifacetada e dialógica-operacional a velha amizade que nos une contra a burrice na frente de combate pela poesia concreta e pela música popular experimental.

O SENHOR ESCREVE POESIA DIARIAMENTE?
A rigor, não. A poesia é o resultado de uma subitânea fusão nuclear, quando se encontram e dialetizam, sob o lúdico jogar de dados do acaso, sensibilidade e controle racional da "forma significante". Isso não ocorre todos os dias. Por vezes, no entanto, entro em jubilação epifânica, e os deuses me favorecem com, por

exemplo, toda uma semana fecunda. Qualquer hora pode ser a hora desse encontro marcado com Túkhe, o deus-acaso.

DURANTE MEIO SÉCULO, OCORREU UMA ESPÉCIE DE DIVISÃO ENTRE OS APRECIADORES DE CARLOS DRUMMOND DE ANDRADE E OS DE JOÃO CABRAL DE MELO NETO. MORTOS AMBOS, ESSA DICOTOMIA DE TORCIDAS AINDA TEM RAZÃO DE EXISTIR? QUAIS SERIAM AS CONTRIBUIÇÕES DE CADA UM À POESIA BRASILEIRA DO SÉCULO 20?

Os dois são grandes poetas. A ambos admiro. Mas Cabral é mais rigoroso, mais radical, jamais deixa cair a peteca; já Drummond, autor de poemas seminais, é, obstante, mais indulgente, mais sentimental, sobretudo quando, em sua poesia, aflora o cronista das amenidades da vida. Mário Faustino e, recentemente, a crítica Flora Sussekind souberam ver, muito agudamente, esse lado vulnerável, o tecido "mole" do poeta da pedra.

O SENHOR CONCORDA QUE SERIAM ELES OS DOIS AUTORES QUE MAIS CONTRIBUÍRAM PARA O SALTO DA POESIA BRASILEIRA NESTE SÉCULO PASSADO?

Sim, porém com a inclusão da radical, pioneira, poesia minimalista e crítico-irônica do antropófago Oswald de Andrade.

NESTE CENÁRIO, ONDE FICAM AUTORES COMO MURILO MENDES E JORGE DE LIMA (DE *INVENÇÃO DE ORFEU*)?

Murilo Mendes, o fulgurante "conciliador de contrários" (M. Bandeira), o plástico da linguagem inesperada, que lecionava imagética para João Cabral, é um grande poeta, que muito admiro, sobre quem escrevi (em *Metalinguagem*), com quem me carteei longamente e com quem convivi no seu acolhedor apartamento sempre que visitei Roma (e foram freqüentes essas visitas). Já Jorge de Lima, poeta autor de uma desigual épica, de mais baixos do que altos a meu ver, equivalente nosso do *Canto General*, de Neruda, 1950, apesar do seu "barroquismo", que me agrada como atitude, e das vigorosas influências de Camões e Odorico Mendes, não fica à altura do seu projeto: é freqüentemente desconjuntada e até mesmo *kitsch*. Mário Faustino, que tinha pelo alagoano uma exaltada admiração, não deixava de ressaltar a cabeça privilegiada que, no

Invenção de Orfeu, se encontravam, infelizmente, alguns dos melhores, alguns dos piores momentos da poesia luso-brasileira.

O SENHOR É UM POETA E INTELECTUAL QUE ACOMPANHA A PRODUÇÃO POÉTICA BRASILEIRA? eXISTIRIA EM TERMOS DE FATO POÉTICO UMA PRODUÇÃO TÍPICA DOS ANOS 1970, QUE FICOU CONHECIDA COMO POESIA DE MIMEÓGRAFO?

Acompanho, porém não pontual e sistematicamente. Não tenho tempo. Sou um homem multicurioso (estou sempre bem informado sobre poesia anglo-americana, irlandesa, francesa, alemã, espanhola e hispano-americana, italiana, russa, neogrega, hebraica (bíblica e moderna), clássica (greco-latina). No momento, por exemplo, estou estudando a língua e a poesia dos astecas pré-colombianos.

O SENHOR ACREDITA QUE A SUA GERAÇÃO DEIXARÁ UM bRASIL MELHOR DO QUE O RECEBEU? eM TERMOS POLÍTICOS.

Sou um poeta-cidadão. Nos meus tempos de "clássico", no Colégio São Bento de São Paulo (onde também havia estudado Oswald de Andrade), tive um excelente professor de português, Cid Franco (pai de Walter Franco e irmão da pintora Maria Leontina), que era um vibrante socialista democrático. Suas aulas e suas idéias tocaram fundo em mim, naquela fase de formação. Sempre tive simpatia ideológica pelo PT e sempre votei em seus candidatos, e desde logo em Lula, em todas as suas tentativas de chegar à Presidência da República. A pedido do amigo Sérgio Mamberti, cheguei a escrever poesia de agitação, à maneira de Maiakovski. Compus poemas de propaganda militante sempre exigentes quanto à estrutura formal, embora, por vezes, semanticamente, muito comunicáveis, em prol das candidaturas de Suplicy e Erundina; assinei um manifesto, encabeçado pelo saudoso Caio Graco, da Brasiliense, e por mim, em prol da candidatura dessa figura culta, impoluta, de incansável combatividade que é Plínio de Arruda Sampaio, um verdadeiro católico de esquerda, quando ele concorreu ao governo do Estado. Há pouco, em meu poema intitulado *A Posse* (Mais!, *Folha de S. Paulo*), saudei esse evento comovente que foi a posse de Lula na Presidência, com o aplauso entusiástico do povo. O que me deixou em júbilo, nos meus desacorçoados e já céticos 73 anos de vida.

pUBLICADO NA EDIÇÃO DE ABRIL DE 2003

inezita barroso

Inezita Barroso

Paulistana de origem, mas tendo todo o Brasil como campo para suas pesquisas, Inês Madalena Aranha de Lima – entronizada como Inezita Barroso – estudou canto, piano e violão na infância, mas só estreou profissionalmente em 1950, na Rádio Bandeirantes. São seus sucessos três das mais populares canções brasileiras: Moda da Pinga, Lampião de Gás *e* Ronda, *de Paulo Vanzolini – todas elas lançadas primeiramente por Inezita. Através da música, adquiriu interesse pela cultura popular brasileira, tornando-se uma das maiores pesquisadoras sobre o assunto, realizando cursos sempre com o objetivo de divulgar as ricas e diversas manifestações culturais existentes. Desde os anos de 1970 comanda o programa* Viola, Minha Viola, *da TV Cultura de São Paulo. Considerada a grande dama da música paulista, Inezita Barroso fala nesta entrevista sobre sua convivência com Raul Torres, um dos mestres da música sertaneja, a importância musical de Mário de Andrade em sua obra e como os jesuítas espanhóis estão presentes na cultura musical de São Paulo. Para ela, globalização econômica, internet e cultura de massa não são componentes capazes de destruir a alma regional. "No fundo, a pessoa continua caipira", afirma a artista que tem mais de 70 discos gravados, entre 78 rpm, LPs e CDs.*

como é o seu verdadeiro nome e em que cidade nasceu?
　　Inezita é o diminutivo de Inês. Meu nome é Inês Madalena Aranha de Lima. Não tem nada a ver com Barroso, que é era o sobrenome do meu marido. Fiquei com esse nome artístico. E nasci aqui, sou da Barra Funda.

e a senhora cresceu por aqui mesmo?
　　Morei lá até mais ou menos os 12 anos, em seguida mudamos para as Perdizes, que é um bairro que amo de paixão. Depois minha mãe e meu pai mudaram-se para a Sta. Cecília e eu acabei ficando aqui.

qual a sua formação?
　　Fiz música por muito tempo. Fiz três cursos de música. O terceiro, inclusive, era oficial, porque eu queria um diploma de música. Antes disso tinha feito aula com professores particulares de piano etc... Além disso, sou formada em Biblioteconomia.

por que a senhora fez biblioteconomia?
　　Porque eu tinha mania de livro, biblioteca etc. Eu adorava essas coisas desde criança. Com 10, 11 anos, eu montei uma biblioteca em casa, na garagem. Era tudo muito bem organizada, eu emprestava livros para as crianças do bairro. Gosto muito de livros até hoje, na minha casa eles caem na cabeça das pessoas. Por isso fiz o curso e aproveitei para ler tudo o que podia sobre Mário de Andrade, Graciliano Ramos, Jorge Amado e todos os regionais, de todos os lados do Brasil. Participei da primeira turma de Biblioteconomia da USP, a gente ficava ali na Praça da República. Depois que se criou uma escola e uma faculdade. Mas esse do qual participei foi o primeiro curso, tinha uns 19 alunos apenas...

qual era a formação dos seus pais?
　　Meu pai trabalhou a vida inteira na Estrada de Ferro Sorocabana, junto à diretoria. Era do departamento de compras e foi colega do Raul Torres. Conheci o Torres criança. Aí comecei a me apaixonar por música caipira.

devido ao seu pai conhecer o torres?

Foi. Mas antes os meus tios, que eram muitos, eram quase todos fazendeiros, espalhados pelo interior de São Paulo. E minhas férias eram, claro, na fazenda. Daí, a viola foi a minha querida de infância. Eu tocava um pouquinho de violão, depois estudei bastante o instrumento, mas não quis perder aquela coisa linda da espontaneidade e do ritmo. Não gosto de "seguir" uma música, quero inovar na viola e no violão. Agora é que estão aparecendo os violeiros que fazem arranjos de música para viola etc. Isso é muito recente. São músicos como Roberto Correia, Ivan Vilela, que é gente muito competente. Existem duas coisas: a parte pura, que seria caipira mesmo, ligada à terra, que é desses violeiros anteriores do tempo do Raul Torres...

isso mais ou menos em que ano?

Na década de 1940, quando eu era criança e assisti a tudo isso. A gente ia para a fazenda e via a Folia de Reis, festas de São João. Era importante isso, e muito bonito. A dança de São Gonçalo, a cartira... Tive contato com tudo isso desde muito cedo. Ir para a fazenda era uma beleza, as férias de começo de ano eram longas... Mas depois para voltar era uma choradeira.

e além dos violeiros puros de que a senhora falava quais mais existem?

Os mais eruditos, que tocam por música e escrevem arranjos para viola. Tem uma leva boa de violeiros mais novos com esse dom de gostar da viola caipira, de valorizá-la e de escrever peças lindas para viola. O Roberto faz isso com muita propriedade, mas ele também é muito ligado na parte pura, na parte folclórica. Tem feito muitas pesquisas, já tem vários livros... Me dou muito bem com ele, gravei dois CDs com ele me acompanhando, só voz e viola, e a gente se entende bem. Ele é mineiro do sul de Minas, então a música e os costumes são muito parecidos.

a senhora chegou a refazer, ou ao menos utilizar, material que o mário de andrade recolheu naquelas viagens etnográficas que ele fazia, não?

Exatamente. A gente não pode se desligar disso se quisermos a parte folclórica. Ele foi, realmente, o maior. Ele fez um estudo abrangente do Brasil inteiro e não somente de sua região. Ele é muito importante na cultura popular brasileira. Eu me animei muito com ele, li muita coisa dele, tudo o que eu pude, enquanto eu fiz estágio de Biblioteconomia. Eu batia voando as fichinhas sobre os livros que chegavam para poder ir logo para a parte de estudar e ler. Inclusive, a minha tia foi aluna dele no conservatório de música. E ela me falava muito dele e eu sempre quis muito conhecê-lo. Morou a vida inteira na Rua Lopes Chaves e minha tia também morava lá. Eu ia na casa dela à tarde, brincar com a molecada, e ficava fazendo cera até a hora de ele chegar. Ficava abobada olhando para ele, mas acho que ele nem prestava atenção, devia achar a gente só um bando de moleques barulhentos. Enquanto que o meu real desejo era conversar com ele, ver como era. Mas morreu cedo e não consegui conhecê-lo.

nESSE MATERIAL QUE A SENHORA VEIO RECOLHER DEPOIS FOI MAIS OU MENOS UMA INSPIRAÇÃO DESSAS VIAGENS DELE?

Foi e não foi. A parte de fazenda, de caipira paulista foi normal, porque eu mesmo ia para fazendas. Cada vez de um lado: Campinas, Tapira, Matão e outras diversas regiões. E você sabe que cada região do Estado tem um estilo diferente. Até a afinação da viola muda. Aliás, a viola é bem difícil.

qUAIS A SENHORA ACHA QUE SÃO AS DIFERENÇAS ENTRE AS CULTURAS MUSICAIS PAULISTA E MINEIRA?

Na fronteira é igual. Inclusive, considero a fronteira geográfica entre os dois Estados uma piada, é só um riozinho dividindo um lado do outro. A prova disso é o Rio Grande do Sul com a parte uruguaia, o Mato Grosso com a paraguaia. Toca-se lindamente a harpa paraguaia em Mato Grosso e, por outro lado, os paraguaios aprenderam sanfona, que a gente levou. Essa fronteira de mapa não existe, só muda um pouquinho o sotaque no caso de países diferentes. Mas São Paulo e Minas Gerais, além de serem a mesma língua, têm um sotaque muito parecido e as músicas também, por conseguinte.

mas, NO TOCANTE À PARTE QUE A SENHORA ESTUDOU, NÃO ACHA QUE TENHA DIFERENÇA ENTRE A CULTURA PAULISTA MUSICAL E A MINEIRA?
No sul de Minas é igual. Agora, lá para cima, a coisa muda. O Estado de Minas é o lugar no qual se encontra o maior número de gêneros musicais.

tIPICAMENTE MINEIROS...
Tipicamente de lá.

nÃO SE MISTURA COM A BAIANA, POR EXEMPLO?
Pouquíssimo. Atualmente está mais próximo, mas cada um não quer saber muito do outro. É engraçado... Diferente de outras fronteiras no País.

a GENTE PODE DIZER QUE sÃO pAULO POSSUI UMA CULTURA MUSICAL PRÓPRIA?
Claro. Bastante, inclusive. O João Pacífico é um dos expoentes, o próprio Raul Torres e muitas duplas, como Tonico e Tinoco. Aquilo é legitimamente paulista... apesar de eles serem filhos de espanhóis. A cultura daqui é muito forte. Embora se estejam escondendo um pouco as coisas. São Paulo ficou muito para trás. Não entendendo a nossa cultura, as pessoas pensaram que aqui só tinha estrangeiro. Italianos, espanhóis etc. Que nada. Eles é que assimilaram a nossa cultura. É um fenômeno exatamente ao contrário. Na capital também. Dizem que não tem música da capital. Como não? Só tem. Na parte folclórica, é preciso aceitar esses pedaços de cultura externa. Agora nós estamos dominados pela cultura baiana, e por que não? É tudo brasileiro.

qUAL É A MATÉRIA-PRIMA QUE RESULTA NESSA CULTURA MUSICAL PAULISTA?
Os índios e os jesuítas. E mais os espanhóis que os portugueses. O próprio Anchieta era espanhol e no Pátio do Colégio ensinava-se espanhol às crianças. Ou seja, fazia parte das matérias obrigatórias. Agora, como os estrangeiros acharam um ambiente já muito rico em crenças, em histórias e mesmo música, eles resolveram aproveitar isso. O Padre Anchieta escrevia peças de teatro para os índios

na língua deles para representarem. Toda semana apresentavam algo no convento. E mesmo a viola, que já entrou logo no começo.

POR MEIO DESSA INFLUÊNCIA DOS JESUÍTAS?
Sim. Eles apagaram um pouco da cultura indígena também. Afinal, era uma cultura pagã. Os jesuítas tentavam atraí-los com associações. O ritual da Lua, por exemplo, os jesuítas diziam que a Lua era Nossa Senhora. Só que o índio acreditava só na hora, depois ia lá fazer o culto dele para a Lua. Isso é bem brasileiro. Acender uma vela para cada lado. Mas muita coisa ficou. A mais forte que posso citar para você é cantoria em duas vozes da dupla caipira. O caipira é louco por dupla. Eu sou solista, o Sérgio Reis também, os caipiras aceitam e respeitam, mas o amor tremendo são as duas vozes.

E DE ONDE SURGIU ESSA HISTÓRIA DE DUPLA CAIPIRA?
Do coral das igrejas jesuítas. Eles nunca tinham visto ninguém cantar junto e a música indígena era uníssona. Dez, vinte índios cantando a mesma coisa. E os jesuítas ficaram loucos quando perceberam uma terça de diferença ou uma quinta. Os padres deixavam eles tomarem parte nas missas e foi assim até que pegou essa história de duas vozes.

ENTÃO, A DUPLA CAIPIRA SERIA DESCENDENTE DOS CORAIS JESUÍTAS.
Sim; e é uma coisa tão interessante porque não há nada escrito. Um começa a cantar, a primeira voz; e o outro, a segunda, já segue. Até hoje é assim. Até pouquíssimo tempo não havia música caipira escrita em pauta. É uma coisa tão instintiva que qualquer um faz isso no interior.

MELODICAMENTE, A SENHORA ACHA QUE A NOSSA INFLUÊNCIA É MAIS EUROPÉIA OU INDÍGENA?
É misturado. Por exemplo, a moda de viola, tem gente que não entende, diz que é chata, comprida. Se vai contar um crime, conta todos os detalhes etc. Só que as pessoas não sabem que as modas de viola vêm das famosas sabatinas que os jesuítas faziam com os

índios. O índio ia contar que não sei quem catou uma onça e tinha de descrever o acontecido com todos os detalhes, desde que o fulano pôs a mão na espingarda até a onça morta, passando pelo achado da onça, a fuga dela e tudo o mais que ele quiser colocar na história. Então, esse negócio de cantar dentro de um limite de tempo só apareceu depois do disco, que tinha de ter faixas limitadas. Cururu, por exemplo, que é o nosso importantíssimo desafio caipira. Ainda tem sede em Piracicaba, Tietê, Tatuí com grandes cantadores. O cururu é um improviso cantando, muito difícil, e que canta uma história. Então, se o cantador quiser cantar uma hora sem parar ele pode. E a platéia fica ali, firme. Geralmente pelo assunto que eles escolhem, rende uma hora tranqüilamente. Tem gente que não entende. É comprido, mas é improvisado, veja que interessante. Ele está ali falando sobre a mocidade, sobre a guerra, sobre a velhice, sobre a paisagem e tudo na voz dele. E tem um outro cantador do lado, só para fazer a segunda voz, só que essa pessoa não sabe a letra.

e COMO É QUE FICA?
A segunda voz deduz o que o outro vai falar porque a rima é estabelecida. Isso tem muito ainda em algumas cidades do interior.

n A PRÓPRIA CIDADE OU SÓ NA ZONA RURAL?
Na cidade; eles têm campeonatos e reuniões muito sérias.

e SãO pAULO NÃO SABE DE NADA DISSO...
Ficou um buracão em São Paulo. E por várias causas, políticas e de crendice. Essa história de caipira ser um mendigo infeliz. Caipira nunca foi mendigo. Até hoje nas festas juninas das escolas as professoras põem remendo na calça jeans dos alunos e isso não tem nada ver. Mendigo não anda rasgado. Além disso, ainda pinta o dente da criança de preto para ela ficar bem banguela, bem mendigão doente. O chapéu todo esfiapado... Isso não existe.

mAS ISSO NÃO VEM DE mONTEIRO lOBATO?
Infelizmente. Foi um lapso. Ele foi contratado para fazer um anúncio do Biotônico Fontoura e aparecia nos almanaques que eram

distribuídos em farmácias – que, aliás, eram já os quadrinhos, superinteressantes – aquele coitadinho que sofria de amarelão, de maleita, e andava descalço na terra com bicho-de-pé, sem dente e preguiçoso. Coisa que não existe. E no anúncio ele toma o raio do Biotônico Fontoura e fica lindo, de chapéu, de dentadura e bota. É uma história muito velha, mas que machucou muito o caipira. Até hoje, tem cidades que você não pode dizer que fulano é caipira. Ribeirão Preto, por exemplo. Vá dizer que alguém lá é caipira. Eles até se dão o luxo de não gostar muito desse tipo de música, ainda mais quando você os chama de caipira. Campinas também é um pouco assim.

as cidades maiores, não?

São, as mais ricas. Mas não é nada disso, não tem nada a ver a figura do caipira com o dinheiro. O meu programa, *Auditório*, na TV Cultura, é freqüentado por boiadeiros quem vêm de Mato Grosso de jatinho só para participar. O cara tem uma boiada do tamanho do Estado de São Paulo. Vêm ele, a esposa e o piloto. Daí sentam os três e ficam lá assistindo. Tudo na maior modéstia. Bem vestidos, mas sem nenhuma jóia, nem fricote, nem maquiagem. E olha que está ali um milionário.

em termos de estrutura e métrica, qual o padrão da prosa paulista?

Não tem padrão. No cururu é muito difícil, você pode começar com verso de 12, ou de 7, você tem uma música própria sua, que ninguém entende porque não tem letra, chamada baixão. Essa música é dele e o adversário é obrigado a cantar em cima dessa música, e na métrica e carreira que ele impõe. A carreira do divino, por exemplo, é muito difícil porque tem de rimar tudo em "ino". A mais fácil é de São João. Quando eles não querem judiar muito eles soltam essa, porque tem muito "ão". E tem várias carreiras. E tudo decidido na hora, inclusive o assunto.

nos últimos dez anos, o interior de são paulo se modernizou muito. isso tem modificado a cultura caipira?

São duas coisas distintas. Essa riqueza, esse progresso, esse avanço da cidade é uma coisa externa. E a parte de amor, de cultura, de tradição e de respeitar as coisas é interna. Ele pode até nem mostrar, fica quieto, aprende a lidar com o computador, mas, por dentro, o caipira é diferente. Dentro ele é o caipira legítimo. E muitos jovens estão mostrando isso agora. Tem muita orquestra de viola aparecendo, tem muita criança querendo aprender viola. É uma coisa que nasce com a pessoa e ela leva para a vida toda. E não ter vergonha disso é muito melhor. Porque daí diz: "eu sou violeiro, com todo o orgulho". A pessoa pode ser rica, pé no chão, pobre, caipira ou não. Por exemplo, o pessoal que estuda agronomia em Piracicaba é todo assim. Eles vão para o exterior, brilham no mundo inteiro em suas carreiras, mas aqui no Brasil você fala em cururu, eles conhecem todos os famosos cururueiros, como eles chamam. E sempre que podem vão às competições. Tatuí e Piracicaba, por exemplo, lotam. Só para a pessoa perceber o "dialeto" demora uns 20 minutos. Mas depois, você fica louco porque o assunto é tão rico e é tão difícil cada desafio...

MAS A SENHORA ACHA QUE, APESAR DESSA HISTÓRIA TODA DE CULTURA DE MASSA ATRAVÉS DA TELEVISÃO, DA GLOBALIZAÇÃO ETC., A CULTURA REGIONAL RESISTE?

A prova é o meu programa. Está no ar há 22 anos e tem briga para entrar. O programa começa 3 da tarde e o pessoal chega às 9 da manhã, sentam no murinho na chuva, no Sol, no vento. Todo o mundo bonitinho, guardam lugar um para o outro. Um sai para comprar um salgadinho e pede para o outro olhar o lugar e depois oferece para a fila inteira... É muito interessante. E, no auditório, eles mostram um respeito. É sagrado, é como se eles estivessem numa missa. É muito lindo. Quando eles gostam de alguma coisa é um negócio que não acaba mais de bater palma, alguns velhos sobem na cadeira. Quando não gostam, eles aplaudem também, mas meio assim, sem gosto. E eles dizem, "ah, mas esse cantor que vocês trouxeram não é caipira...". Quando o cantor é mais de outro estilo, ele escolhe uma canção do sertão para ir cantar lá. É claro que ele não vai desafiar aquele público.

APROVEITANDO ESSA SUA MEMÓRIA FANTÁSTICA, DE QUEM É AQUELA MÚSICA QUE FALA DO RIO DE PIRACICABA?

Ah, tem uma briga danada aí. Ela está assinada pelo Lourival dos Santos, que foi um grande compositor; pelo Piraci, de Piracicaba; e pelo Tião Carreiro. Agora a história é seguinte: o Tião Carreiro era do sul de Minas e ele ouvia essa música na terra dele, somente este estribilho: "quando chegar as águas dos olhos de alguém que chora [...]". Em Minas Gerais existe uma cidadezinha chamada Piracicaba. Quando eu fazia programa de rádio, eu recebia muita carta de lá: Piracicaba/MG. Eu pensei: "o que é isso?". Como bibliotecária com mania de pesquisadora, eu fui ver do que se tratava. Existe a cidade. E essa música veio de lá. Esse rio de Piracicaba é o de lá e não o daqui. O Tião trouxe essa música e o Lourival achou bonita e quis aumentar. Todo o mundo entrou na composição, e ela estourou como *Rio de Piracicaba*, mas na verdade chama *Rio de Lágrimas*. O Paulo cantava *Ronda* e nós aprendemos essa música com ele. Mas Ronda era quebradíssimo, e o Paulo não é e nunca foi cantor. Aí o Túlio falou que escreveria essa partitura no piano. E ele fez a partitura direita toda encaixada nos compassos, não falta nem sobra nada. E a letra está perfeita. Mas muita gente gravou quebrado. Bem, mas aí fui para o Rio de Janeiro gravar a *Moda da Pinga*. Não estava nem acreditando, nem era profissional direito. Isso foi em 1953.

eRA O SEU PRIMEIRO COMPACTO.

Que nada. Era o meu primeiro 78 [rpm], um disco preto, pesado, com duas músicas. Nós fomos para o estúdio de gravação. O Paulo vinha para São Paulo e, como bom cientista, tinha ido num museu, vinha com umas caixas, estudava bichos lá dele, tudo muito complicado. Perguntou se a gente o levaria para São Paulo. Eu disse: "vem no nosso carro, só que você tem de esperar a gravação acabar". Daí, ele sentou no estúdio com as caixinhas dele... Cantei a *Moda da Pinga*, com o Regional, não foi nem com a viola, porque no Rio também, na época, você falar em viola era palavrão. Era o que tinha restado do Regional do Canhoto, do Américo Jacomino. Então, eram só os cobras. Era Chiquinho do Acordeon, Bola Sete, no violão; o outro era o Menezes; só gente boa. E eles perguntaram que música iria do outro lado do disco. Eu não sabia, estava tão abobalhada de ter gravado na RCA Victor que até esqueci que tinha o outro lado. Daí foi que o Paulo falou para eu gravar o samba dele. Eu sabia *Ronda* de cor. Só que o diretor perguntou o que a gente iria gravar e eu disse que era um samba paulista. Rapaz, pra quê... O homem carregou o sotaque carioca e disse: "Samba paulista? Isso não existe!" Ele deixou tudo de lado e foi embora. O Regional ficou assim paradão, tinha que acabar de gravar. Daí o Menezes virou pra mim e disse: "pega o violão e toca essa tal *Ronda*". Eu toquei; eles ficaram bestas e o Paulo todo feliz. Ensaiamos mais ou menos e gravamos. E está aí até hoje. *Ronda* é a música mais tocada à noite em boates. E é uma cena muito paulista mesmo, essa coisa de "procuro em todos os bares, você não está". Não era nada disso, era uma coisa muito proibida para mulheres direitas, as mulheres de vida fácil é que passeavam na Avenida São João. Tinham uns quarteirões que eram proibidos para moças de família. A gente até andava, mas não entrava nos bares. As mulheres não entravam no bar, elas ficavam na beirinha da calçada e os homens nas mesas, também na calçada. Então, esse negócio de mesa para o lado de fora do bar em São Paulo é muito antigo. Era com garoa, com vento, com o que fosse, as pessoas ficavam com suas mesas na calçada tomando chope, que é chiquérrimo. Tinha um monte de choperia na São João. Então, a música trazia uma cena da cidade que não pode ser apagada. "Sigo a te buscar"... que nada. Ela passava discreta e procurava o amado com o rabo dos olhos... É uma letra para uma hora e um tipo de vida específicos.

e O QUE A SENHORA ACHA DE **S**ÃO **P**AULO TER ESSA MÚSICA COMO HINO?

A Avenida São João sempre foi a mais importante que tudo. O carnaval era lá, eu cansei de fazer cursos lá, os desfiles militares eram lá... Depois foi caindo. Não tinha outro lugar para ser cantado em São Paulo, a não ser o Mário que cantou o Rio Tietê que era limpo e lindo.

jORGE WERTHEIN

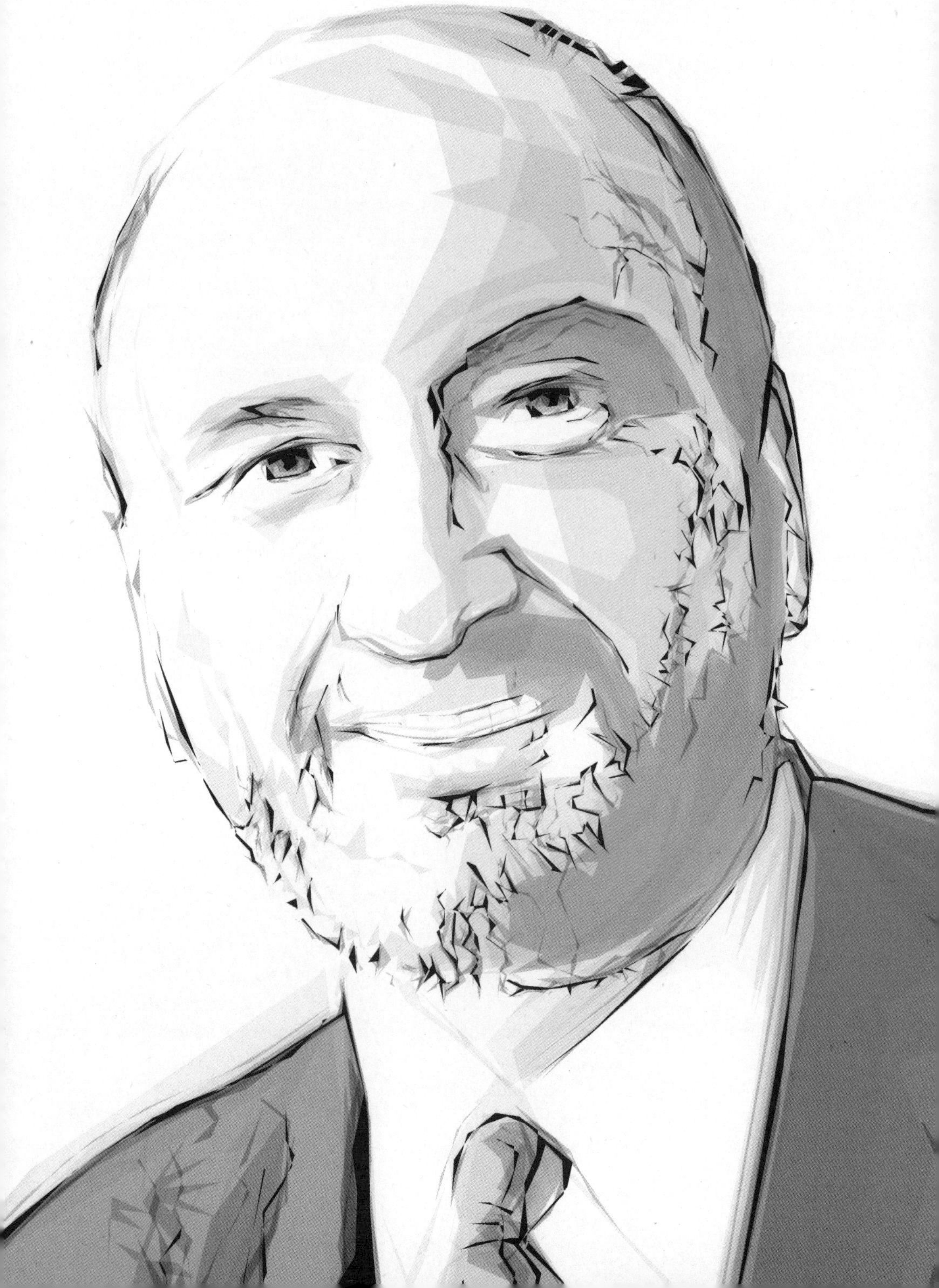

JORGE WERTHEIN

Há sete anos, o sociólogo Jorge Werthein deixou Nova York, onde era diretor da Unesco, para assumir a representação do órgão no Brasil. O projeto, que começou com apenas um escritório em Brasília, já conta com outros quatro espalhados pelo País e, em breve, serão inaugurados mais dois. Apaixonado pelo Brasil desde jovem, como ele conta, Werthein se diz ainda surpreso com várias particularidades brasileiras, como a multiplicidade étnica e cultural que aqui se encontra e que terminam por revelar "exemplos claros de primeiro e de terceiro mundo convivendo". "Fico surpreso também em perceber que os limites que você tem nesse País para poder trabalhar e ajudar são imensos, pois o Brasil se abre a todos que queiram pensar em fazer algo aqui", revela. Werthein se diz otimista em relação ao atual governo embora se alarme com os altos índices de analfabetismo. No entanto, para ele, o Brasil é um país em pleno processo de rejeição aos seus níveis de exclusão que persistem em caracterizá-lo. O que seria, segundo sua análise, um bom começo para que a nação encontre caminhos que levem à efetiva inclusão de todos os brasileiros.

O SENHOR ACREDITA QUE OS AVANÇOS TECNOLÓGICOS, QUE TEORICAMENTE LIBERAM AO HOMEM MAIS TEMPO FORA DO TRABALHO, REPRESENTEM REALMENTE UM AVANÇO NA FRUIÇÃO DO TEMPO LIVRE?

Por um lado, representa um avanço, na medida em que pode ampliar o tempo livre, possibilitando o exercício da criatividade e da realização pessoal. Por outro lado, só a menor parte se beneficia do tempo livre, o que representa um problema e uma limitação.

QUAL DEVE SER A ORIENTAÇÃO PARA QUE O TEMPO LIVRE SEJA EFETIVO, ISTO É, PARA QUE O RESÍDUO DAS ATIVIDADES TENHA UM FIM EDUCATIVO, E NÃO MERAMENTE INSTRUTIVO?

É preciso trabalharmos uma ética do tempo livre para que ele se torne um espaço de construção humana. Muitos teóricos proclamam o primado do trabalho como necessidade humana básica. Nessa perspectiva, o tempo livre é definido como um modo de restauração das forças produtivas, ou seja, é produzido pelo trabalho. O declínio do emprego, por causa do avanço da ciência, da tecnologia e dos modelos de desenvolvimento que a gente vê, que concentram decisões tecnológicas e lucros, começa a abalar os paradigmas da livre concorrência. E o tempo livre também pode ser visto como um produto do sistema capitalista, como objeto de exploração capitalista.

DE QUE MANEIRA OCORRE?

Difundindo valores que tenham efeitos positivos no aumento da produção e do consumo. Mas é preciso reconhecer que essa linha de interpretação é parcial e insuficiente, pois não considera a própria luta histórica dos trabalhadores pela redução da jornada de trabalho. De mais de 70 horas semanais de trabalho em meados do século passado, a jornada em muitos países já está hoje abaixo de quarenta horas. Essa conquista dos trabalhadores permitiu o desenvolvimento de uma cultura do lazer. Eles passaram a ter acesso a determinados bens da civilização antes reservados só às camadas dominantes da sociedade. Por isso, a cultura de massa pode ser considerada como uma gigantesca ética do lazer, que desabrocha em detrimento da ética do trabalho e que acaba se estruturando na cultura de massa. A afirmação da personalidade, negada muitas vezes pelas condições adversas do trabalho, passou a dispor de novos espaços para a realização pessoal. Ao mesmo tempo, surgiram inúmeras instituições sociais promotoras do lazer. Elas imprimiram uma dimensão cultural ao tempo livre. Mas essa dimensão do lazer começa a sofrer os primeiros reveses, pois o processo de globalização aumenta sua velocidade, os modos de produção mudam e a crise do desemprego aumenta e se universaliza.

eM UM PANORAMA DE CRISE ECONÔMICA, EM QUE O QUADRO RECESSIVO MOSTRA-SE PUNGENTE, COMO É POSSÍVEL SE FALAR EM TEMPO LIVRE?

Em época de crise econômica, como a que estamos vivendo, com desemprego e exclusão crescentes, falar em tempo livre parece-me problemático. As conseqüências de um processo de globalização de inspiração neoliberal estão à vista. A possibilidade de caos significa que não se pode pensar o tema do desemprego e do lazer fora de uma necessidade mais global de retorno à racionalidade – não à racionalidade instrumental, insensível às coisas humanas, porém à racionalidade crítica e criadora, que subordina o econômico ao social, que restaura o primado da dimensão humana e que faz com que os fatores de desenvolvimento cultural e econômico sejam indissociáveis. Superar esse impasse é importante para repensarmos a questão do desemprego e estabelecermos uma nova ética para o trabalho e o lazer. O tempo livre que o avanço da ciência e da tecnologia proporciona terá de ser repensado a partir de uma visão do mundo como um todo.

eM RECENTE ENTREVISTA, O CIENTISTA POLÍTICO eMIR sADER DISSE QUE TEMPO LIVRE "É COISA DE RICO OU DESEMPREGADO". O SENHOR CONCORDA QUE O TEMPO LIVRE É CONDENAÇÃO AO DESEMPREGO?

O tempo livre que decorre do trabalho digno não pode ser visto como condenação ao desemprego.

eXISTE UM PRECONCEITO QUE MARGINALIZA O TEMPO LIVRE COMO FATOR NEGATIVO PARA O DESENVOLVIMENTO DAS PESSOAS. aINDA É MUITO SENSÍVEL A VISÃO QUE RELACIONA TEMPO LIVRE COM O ÓCIO?

Enquanto o tempo livre for portador de uma ética de existência, não poderá ser visto como ócio. Será negativo na medida em que se reduzir a uma sociedade de consumo. Quem vê o tempo livre apenas como ócio esquece-se de que a própria Declaração Universal dos Direitos do Homem prevê, no artigo XXIV, que toda pessoa tem direito a repouso e lazer, inclusive à limitação razoável das horas de trabalho e a férias periódicas remuneradas.

do mesmo modo que a tecnologia liberta o homem do trabalho, sua apropriação ocorre por uma parcela ínfima da sociedade. aos alijados do processo tecnológico resta defasagem cultural, até porque as jornadas excessivas de trabalho e, além do trabalho, tempo gasto na condução, entre outros fatores assim os condenam. Como adquirir crescimento cultural inserido nesse contexto?

O crescimento cultural dos excluídos representa um dos maiores desafios deste final de século. Só uma nova ética das relações internacionais, que permita a redução das assimetrias e das disparidades entre os povos, poderá viabilizar o retorno da dimensão humana do desenvolvimento.

a mentalidade vigente prepara as pessoas para o trabalho. Coagidas pelo preconceito do "ócio", elas temem aprender a fruir do não-trabalho. Como fazer para alterar essa mentalidade?

Quando se instaurar uma nova consciência de que o avanço da ciência e da tecnologia é obra historicamente coletiva, o trabalhador terá a lucidez de que o tempo livre é um direito de todos.

Sendo um órgão ligado à onu, como a unesco vem diligenciando a questão do lazer, do trabalho e do tempo livre? O mundo hoje mostra preocupação com essas questões?

A Unesco luta incessantemente em várias frentes para que os direitos humanos sejam respeitados. Pode-se falar em direito ao lazer e em direito ao tempo livre, mas um direito que tem compromisso com a ética e não com a futilidade e a vida sem sentido, banalizada.

A UNESCO DESENVOLVE ALGUM PROJETO NO BRASIL QUE VISE A MELHORIA DESSAS QUESTÕES?

Todos os compromissos da Unesco têm algum tipo de relação com o problema do desemprego e do tempo livre. Educação, ciência, cultura, direitos humanos, tudo isso envolve, de alguma maneira, a questão do trabalho e do lazer. Todo o esforço da Unesco, desde quando foi criada, logo após a Segunda Guerra Mundial, tem sido no sentido de promover a paz e a justiça social por meio de diversas formas de intercâmbio científico e cultural e compromissos públicos entre seus Estados-membros, que hoje somam 186.

O GEÓGRAFO MILTON SANTOS DETECTA O LAZER COMO UMA FONTE PROFÍCUA DE GERAÇÃO DE EMPREGOS. O SENHOR CONCORDA?

Certamente, na medida em que o lazer for concebido no conjunto de um processo de reconstrução da sociedade, ele será gerador de trabalho e de cultura.

HÁ PERSPECTIVA DE ATENUAÇÃO DA CRISE ECONÔMICA GLOBAL E DE CONSEQÜENTE REDUÇÃO DO DESEMPREGO?

Perspectiva existe. Depende dos que detêm o poder, que precisam, com a maior urgência, repensar, em escala mundial, a crise que assola o mundo.

SEGUNDO EMIR SADER, O "TRABALHO DEIXOU DE SER UM INSTRUMENTO DE EMANCIPAÇÃO DO HOMEM E TORNOU-SE UM INSTRUMENTO DE ALIENAÇÃO". NA SUA OPINIÃO, QUAL O REAL SIGNIFICADO DO TRABALHO PARA O HOMEM DO SÉCULO 20?

A afirmação de Emir Sader tem sua procedência. Todavia, não se pode abdicar da luta para devolver ao trabalho a dignidade perdida. Estou certo de que a partir de um novo quadro ético das relações internacionais será possível a reconstrução desta dignidade. Só assim será possível imaginar cenários de inclusão progressiva que apontem para a substituição do vazio de perspectiva para uma perspectiva de solidariedade e de justiça compartilhada. Mas instaurar esse novo quadro não é algo a ser feito de cima para baixo. Dar voz e voto aos que não têm tornou-se uma condição para a reconstrução desejada. O tempo livre estará comprometido com a integração de um projeto de reconstrução, e seu eixo será o desenvolvimento de uma cultura de paz e de solidariedade. É esse pressuposto que hoje norteia a ação da Unesco.

luis alberto pereira

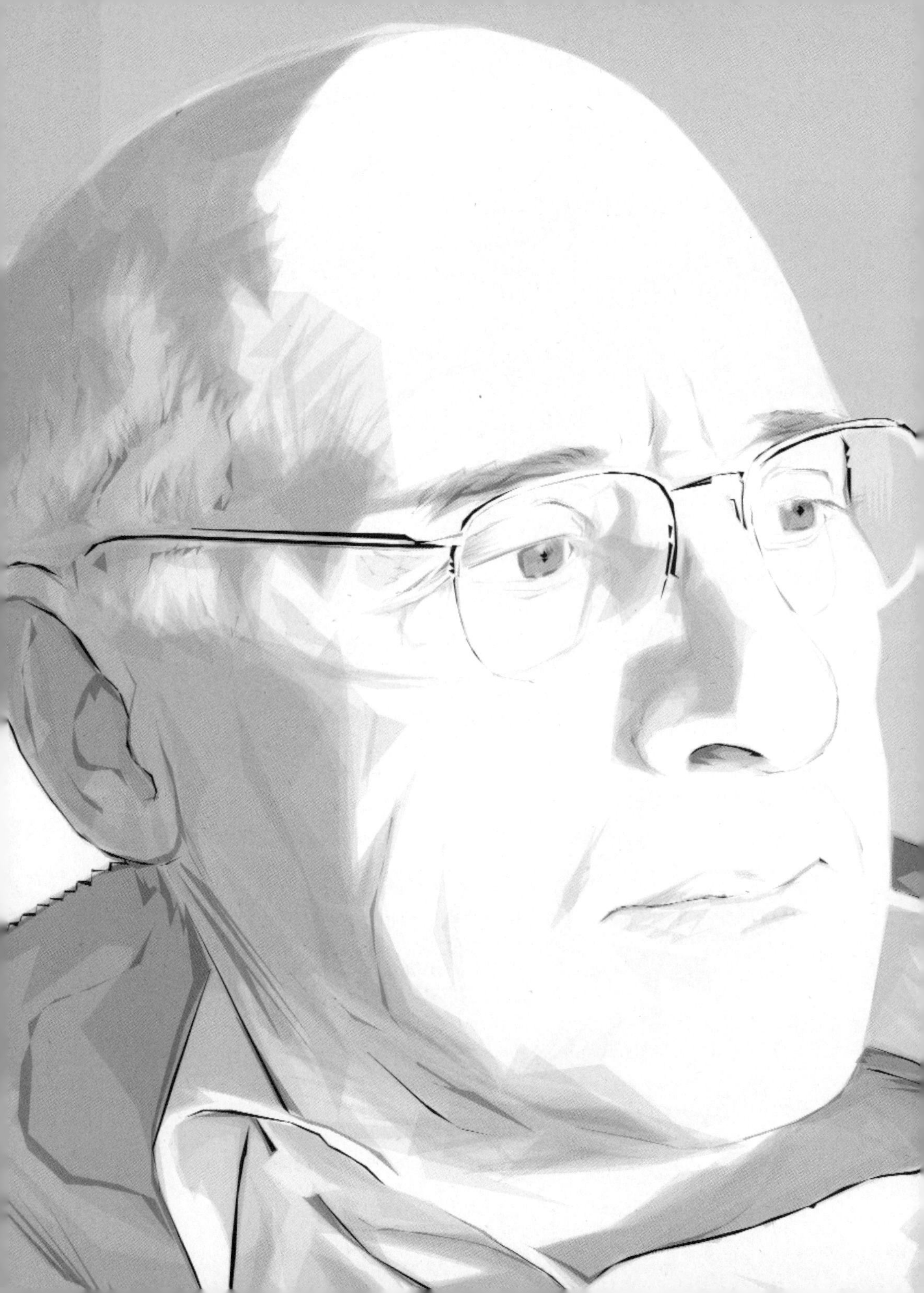

Luis Alberto Pereira

Reabrir a trilha da realização e produção de filmes no Brasil depois da extinção da Embrafilme e da política (anti) cultural de Fernando Collor de Melo foi tarefa de assustar até o mais intrépido bandeirante. Hoje, o cinema brasileiro parece viver um momento que propicia um definitivo posicionamento no cenário cinematográfico mundial "off Hollywood", com produções de qualidade técnica em patamar de igualdade com um conceito sofisticado e honesto.

Entre esses novos "bandeirantes do cinema", diga-se assim, Luis Alberto Pereira é um dos que tem a ponta do facão mais afiada. Seu discurso é tão contundente quanto sua produção e sua capacidade de driblar as dificuldades financeiras para realizar trabalhos que já merecem, sempre e sem espanto, atenção especial. Seu Jânio a 24 Quadros, *da década de 1980, introduziu o conceito de documentário crítico e ficcional na produção cinematográfica. Fez escola.*

Defensor convicto da figura do diretor-produtor, que representa, segundo ele, a única maneira de "as coisas funcionarem por aqui", Gal, como também é conhecido, fala o que pensa e realiza o que fala. Já brigou com o crítico Rubens Ewald Filho, acha o Festival de Gramado uma passarela de pavões vaidosos, acredita que a herança deixada pelas pornochanchadas dos anos de 1970 ainda afasta o cinema nacional do público e enxerga que nossa produção cinematográfica hoje, a despeito de sucessos seus como Hans Staden *(1999), continua instável.*

COMO FOI FAZER O FILME? O SENHOR TEVE DIFICULDADES?
A produção foi pelo Programa de Incentivo ao Cinema da Secretaria Municipal de Cultura de São Paulo. A gestão Luiza Erundina deu apoio à produção cinematográfica pela Lei Marcos Mendonça. Isso ajudou bastante. Os problemas, de fato, surgiram na finalização do filme. A espera atrasou a conclusão: no ano passado, o Banespa não deu o que precisávamos. Isso aconteceu também com o Carlos Reichenbach. Foi um total absurdo. De qualquer maneira, conseguimos muitas coisas da Ceval, da Ford e da Cacique Transportes, da Philips e outras coisas de outras empresas. Ainda bem que alguns empresários têm um espírito de apoio à cultura neste País. Sem eles, seria ainda mais difícil concluí-lo.

O SENHOR NÃO VEIO DO CINEMA PUBLICITÁRIO COMO MUITOS DESSA NOVA GERAÇÃO. QUAL É A SUA FILMOGRAFIA?
De fato, trabalhei em vídeo, cinema e TV. Com publicidade, fiz uma ou outra coisa. Francamente, acho muito chato e por idealismo nunca faria. Foi mesmo uma questão de necessidade e não me arrependo. Estudei Cinema na ECA e, quando saí, em 1974, fui direto trabalhar nas TVs Gazeta e Cultura. Um ano depois, fiz um média-metragem com Paulo Emilio Salles Gomes baseado num conto de Edgar Allan Poe. Fiz também *O Jardineiro*, em super-8. Em 16mm, fiz *A Voz de Deus*, *Tá Russo*, *Jânio a 24 Quadros* – em 1982 – e Operação Brasil, um documentário sobre a morte de Tancredo Neves, que ganhou o grande Prêmio do Júri, em Openhauser, em 1987. Atualmente estou filmando *A Ordem*, um curta para a ZDF alemã.

JÂNIO A 24 QUADROS FOI SEU TRABALHO MAIS CONHECIDO. COMO FOI A EXPERIÊNCIA DE TER UM FILME COMENTADO POR PÚBLICO E CRÍTICA?
Foi maravilhoso. Graças à distribuição da Embrafilme, meu filme pôde ser apresentado em inúmeras cidades do País, de Caruaru a

Bagé. Lógico que foi merecido. Achei material até mesmo num pátio abandonado da Tupi. Levei tudo para a Cinemateca Brasileira e hoje isto está preservado. Público e crítica adoraram meu filme. Mas a crítica no Brasil é um caso à parte. *Jânio* foi lançado nos cinemas em 1982. Em 1985, quando saiu em vídeo, Rubens Ewald Filho disse que era uma porcaria. Acabamos nos desentendendo porque escrevi uma resposta bem desaforada para ele. Foi uma tremenda maldade do Rubens. Mais uma vez isso demonstra que o papel de crítico neste País deveria ser apenas o de informar ou descobrir coisas que nem mesmo o autor tenha percebido nas obras analisadas. Não mais que isto.

E COMO SURGIU A IDÉIA DO *EFEITO ILHA*?

Surgiu do ar. Queria falar sobre a TV, fazer uma análise sobre ela, principalmente a brasileira, que é muito poderosa, fazedora de mitos e formadora de opinião. A melhor coisa que achei era que um raio fizesse da televisão um grande horário político, no mais amplo sentido, e assim mostrar as conseqüências disso para a sociedade.

O QUE A EMBRAFILME REPRESENTOU PARA A NOSSA CINEMATOGRAFIA NA SUA OPINIÃO?

Era a única distribuidora que peitava as *majors*, era a melhor do Brasil e conseguia espaço em todo o País. Isto foi até 1983, quando começou a derrocada do cinema brasileiro. Não se deve confundir a Embrafilme Distribuidora com a Embrafilme Produtora. Esta última, de fato, tinha vícios. A outra funcionava muito bem.

QUE TIPO DE VÍCIOS?

Vícios dos cineastas. Ficar fazendo filmes com reajustes inviabilizava qualquer produção. Isto gastava tempo e aumentava os custos de filmagem. Às vezes os filmes ficavam parados meses à espera deste reajuste. Por isso, a campanha da *Folha de S. Paulo* contra a Embrafilme tinha seu fundo de verdade. O problema foi que radicalizaram muito e esqueceram do valor da distribuidora. O fim da Embrafilme foi causado por esta campanha da mídia, pela política destrutiva neoliberal de Fernando Collor e, por incrível que pareça, por alguns diretores brasileiros que a apoiaram. Não podemos esquecer que a *Folha* tem o prazer de destruir qualquer trabalho cinematográfico brasileiro.

O SENHOR QUER DIZER, ENTÃO, QUE ESSES CINEASTAS DERAM AS COSTAS PARA AQUILO QUE LHES FOI ÚTIL?
Sim. Esses diretores, na maior parte cariocas, foram os primeiros a apoiar a extinção da Embrafilme. Agora me diga: o que eles fizeram desde então? Nada. A não ser alguns, como o Cacá Diegues, que fez esses curtas que a TV Cultura exibiu.

PODE-SE FAZER ESSA POLARIZAÇÃO ENTRE RIO DE JANEIRO E SÃO PAULO?
Não é uma questão de polarização. Não estou generalizando, mas é só ver o que está acontecendo. Tem agora esse Projeto Rio de Janeiro, do Ministério da Cultura. Só sai projeto para o Rio e eles não estão fazendo nada. Lamarca é um projeto do Rio com verba de São Paulo, Jorge Furtado e Sérgio Silva estão produzindo no Rio Grande do Sul e o maior Festival de Curtas Metragens é em São Paulo, no Museu da Imagem e do Som (MIS).

QUE RELAÇÃO VOCÊ FAZ, ENTÃO, ENTRE A DECADÊNCIA DO CINEMA NACIONAL, OS PRODUTORES, DIRETORES CARIOCAS E O FIM DA EMBRAFILME?
Não estou dizendo que os cariocas são responsáveis pela derrocada do cinema brasileiro. O que acontece é que diretores-produtores de enorme talento não tinham visão empresarial e cinematográfica. Eles tratavam a Embrafilme como mãe, talvez porque a sede fosse lá. Eles deveriam tratá-la como uma empresa que subsidiasse e cobrasse como um negócio. Uma coisa que atrapalha muito a produção cinematográfica carioca atualmente é a desunião que paira por lá. Em São Paulo, isso não existe. Talvez por sermos órfãos do Cinema Novo e não precisarmos segui-lo, somos mais livres. No entanto, isso não invalida obras brilhantes de diretores cariocas tão excelentes quanto, mas a decadência do nosso cinema foi causada por alguns fatores além da extinção da Embrafilme.

COMO ASSIM?

O cinema brasileiro ficou desacreditado por vários motivos: a campanha da imprensa, a atitude dos próprios cineastas com relação ao mercado, ao público, ao próprio fazer cinema e a um descrédito de que o cinema nacional padece desde os anos 1970, que diz respeito à nudez e a pornografia trazidas pela pornochanchada. Outro fator é a falta de política cultural do governo. O melhor exemplo disso é o caso da China. O "cinema de pastelaria" é conhecido mundialmente, habitando todos os festivais internacionais. Na Europa, é a mesma coisa.

E POR QUE NÃO CAIR NO LIVRE MERCADO, NO MODELO NORTE-AMERICANO DE PRODUÇÃO CINEMATOGRÁFICA?

Você acredita que isso possa dar certo no Brasil? Sem intervenção do Estado, não haverá cinema aqui. Sou a favor da privatização, mas no cinema isto é impossível. Qual empresa iria investir num negócio que não dá certo? O que se consegue é por intermédio de contatos, amizades. Nada profissional. E não dá certo também porque existe um veto dos exibidores para com os filmes nacionais. As leis não são cumpridas. Hoje, os filmes norte-americanos preenchem todas as datas. Você acha que os americanos vão perder um mercado que lhes rende cerca de US$ 600 milhões? Isso é um verdadeiro truste, um monopólio. Os filmes brasileiros passam como peças teatrais, o que contraria uma "norma" do cinema: ser veículo para grandes públicos.

VOLTANDO MAIS UMA VEZ A EMBRAFILME: A SUA EXTINÇÃO É SEMPRE ENDOSSADA PELO FATO DE QUE DIRETORES E PRODUTORES DESVIAVAM VERBAS PARA FINS PARTICULARES. ISTO TEM FUNDAMENTO?

Isso é um absurdo. Esse boato foi veiculado pela imprensa que queria destruí-la. O que acontecia é que se gastava muito num filme. Às vezes ficavam um ano parado. Eu me lembro muito bem que o Neville D'Almeida foi acusado só por ter comprado uma cobertura na Vieira Souto. O mesmo aconteceu com o Arnaldo Jabor, que comprou um carro esporte. Acho que esqueceram do sucesso de bilheteria de *A Dama da Lotação*, do Neville, e *Eu Te Amo*, do Jabor. Estes filmes deram milhões de cruzeiros. Era de se esperar que seus diretores também lucrassem com isso. Mas hoje, me diga se o Neville está com a sua cobertura e se o Jabor ainda tem seu carrinho vermelho? O Neville está sem um tostão e o Jabor está fazendo teatro e escrevendo no jornal. Com o talento que eles têm, é uma pena.

o SENHOR FALA MUITO EM DIRETOR-PRODUTOR.
É como as coisas funcionavam por aqui. Por exemplo, o Jabor era autor e produtor ao mesmo tempo, mas para isso precisava contratar gente que "entendesse" de fato dos mecanismos de produção de um filme. Essa "ponte" é que criava os problemas que conhecemos tão bem. É por isso que eu aplaudo essa geração que funde a figura do autor (diretor) com a do produtor e tem noção do conjunto.

o QUE PENSA SOBRE O FESTIVAL DE gRAMADO?
Gramado é bom para ator da Globo. Bom para pavonear.

qUAIS PERSPECTIVAS O SENHOR VÊ PARA O CINEMA BRASILEIRO?
A cinematografia brasileira continua instável. Estamos vivendo mais um ciclo. Hoje, ao menos, existe o interesse do público, o que ajuda bastante. Como eu já falei, é preciso um órgão do Estado que fiscalize a distribuição, que todas as gerações trabalhem – não só a nova. Temos excelentes diretores no Brasil. E o mais importante: cinema não é uma câmera na mão. É uma câmera num tripé: criação, empresa e política cinematográfica. Faltando qualquer um desses itens, a câmera cai.

pUBLICADO NA EDIÇÃO DE MARÇO DE 1996

MARINA SILVA

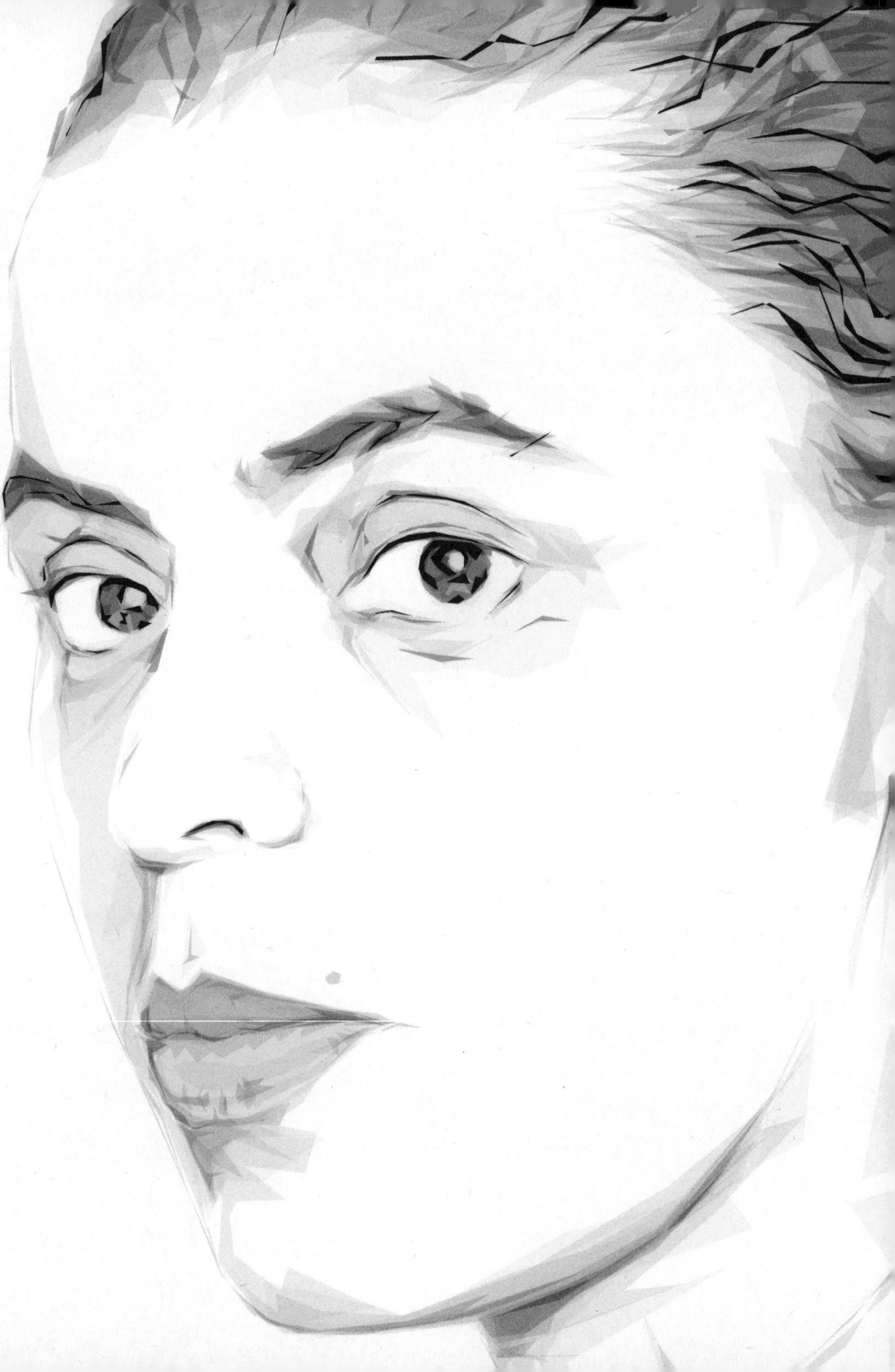

MARINA SILVA

Marina Silva, ministra do Meio Ambiente do governo de Luís Inácio Lula da Silva, senadora do PT pelo Acre, é uma voz quase que única dentro do universo político brasileiro. Suas preocupações principais, ligadas às questões ambientais e de cidadania, parecem soar como alienígenas ao lado dos discursos tradicionais. Ex-seringueira, Marina começou a trabalhar junto com o pai. Fundadora da CUT – Central Única dos Trabalhadores – juntamente com Chico Mendes, ela defende nesta entrevista exclusiva dada à Revista E em agosto de 1995, recém-eleita senadora, o desenvolvimento sustentado na Amazônia e a implantação de projetos especiais na região. "Estamos brigando na verdade pelo futuro do Brasil e do planeta", afirma, lembrando a importância da educação e saúde para a população dessas regiões. "As iniciativas quase sempre só existem através de atos heróicos, quase nunca partindo do Estado." Diferentemente de grande parte dos ambientalistas brasileiros, Marina Silva acredita que as árvores possam sim ser derrubadas na Amazônia, porém obedecendo a um corte planejado, para que se preservem as mudas jovens. "Se ela não for retirada, apodrece", revela. Mas não deseja que a madeira saia do Acre na forma de simples toras: "Devemos lutar para ela ser trabalhada lá, *criando empregos na região." Atualmente, o homem da selva vende uma árvore por um preço ao exterior e ela retorna ao país trabalhada, na forma de móveis ou outros objetos, valendo quatro vezes mais. "Esse dinheiro deve estar entre nós", defende, enfática.*

FALAR DE MEIO AMBIENTE E CIDADANIA DENTRO DO CONGRESSO NÃO CAI NO VAZIO?

O tema do meio ambiente é a grande questão do milênio. Ou a humanidade questão do milênio. Ou a humanidade avalia sua questão de consumo, ou estaremos fadados a desaparecer do planeta como espécie. Parte dessa discussão, após o acontecimento da ECO-92, sofreu um arrefecimento, de fato, pelo lado do governo. Mas temos uma questão real na Amazônia, procuramos uma alternativa de desenvolvimento sustentável, conservando a comunidade que ali mora. Ou fazemos isso ou perderemos todos.

COMO NASCEU A MILITANTE MARINA SILVA?

Ela nasceu da luta pela preservação da natureza amazônica e pelo direito à vida para os povos da floresta. Se a natureza ali for devastada, não haverá mais trabalho para ninguém. Não queremos que haja devastação e os trabalhadores, os seringueiros tenham de sair das selvas. Essa resistência se traduz na defesa do desenvolvimento sustentado e na preservação ambiental, na melhoria de vida para as populações tradicionais.

E ONDE ENTRA A CIDADANIA?

O meio ambiente se refere sempre a um estado saudável de vida, na melhoria de seu padrão cultural, com reflexos nos relacionamentos humanos, na criação de novos valores culturais. Para se ter um ambiente saudável, necessita-se de acompanhamento, de vigilância e de participação social. É impossível ter-se uma vida saudável caso não se tenha acesso a um bom tipo de vida. E a questão da educação é fundamental por ela criar outros padrões culturais: evitam-se preconceitos, perseguições.

SENADORA, COM QUANTOS ANOS A SENHORA APRENDEU A LER?

Eu me alfabetizei a partir dos 16 anos.

E POR QUE FOI SER SERINGUEIRA?
   Eu fui levada pelo meu pai, que é seringueiro.

COMO É A REAÇÃO AO SEU DISCURSO DENTRO DO CONGRESSO? AFINAL, SÃO TEMAS FORA DA AGENDA NACIONAL?
   Tem havido espaço para nossas idéias. Claro, não faz parte da agenda do governo, nem da grande mídia. Pela autenticidade da minha luta, gestada na Amazônia, ganhamos destaque.

COMO FICA O SEU DISCURSO QUANDO É DITO A MORADORES DE GRANDES CIDADES, COMO RIO E SÃO PAULO, ONDE A QUESTÃO AMAZÔNICA PARECE ALGO TÃO DISTANTE COMO SE IR À LUA?
   Nas grandes cidades, a população dos morros não tem como processar essas idéias. Eles vivem em espaços danosos à sua saúde. Por não terem nada disso. Mal têm tempo de pensar no que é a luta pela preservação da natureza, pelo ambiente saudável. Por falta absoluta de espaço para viverem.

COMO SE DARIA O DESENVOLVIMENTO DA REGIÃO AMAZÔNICA?
   O que é fundamental é que a sustentabilidade do processo faça parte do plano do governo. Para que não façamos parte de uma minoria.

DE QUE FORMA ISSO PODERIA SER CONCRETIZADO? ONDE ENTRA O GOVERNO?
   A saída seria o governo avaliar, em todos os projetos, a questão ambiental, a sustentabilidade etc. Sempre que um novo projeto for implantado, essas duas questões devem ser avaliadas. Assim estaremos começando um novo estilo: a preocupação com os povos da Amazônia. Tudo isso deve influir e fazer parte das preocupações do governo.

NO RICO SUDESTE BRASILEIRO, A EDUCAÇÃO AINDA É UM PROBLEMA. COMO É ELA NA AMAZÔNIA?
   É uma obra para todos nós. É verdade que em outras partes do Brasil a educação é ruim: na região amazônica multiplique isso por dois, por três.

Dependemos de repasses da União, o que já é complicado. Temos mais de 40% de analfabetos na Amazônia. Quem mora no seringal está desprotegido, porque lá não há Estado. Existem, sim, experiências heróicas. É o caso do CTA – Centro de Trabalhadores da Amazônia –, voltando para os trabalhadores. São mais de 40 escolas espalhadas pela selva, todas seguindo uma cartilha realizada por eles, a Poronga. Ou seja, criaram uma cartilha adequada à região. É uma educação adequada à Amazônia. Quando há o corte de látex, as crianças entram em férias, porque todas elas trabalham, ajudam seus pais. Daí, no tempo chuvoso, das águas, retornam às atividades escolares. Eles tentaram realizar um ano letivo tradicional, mas não conseguiram, porque de repente não ia ninguém à escola: estavam todas as crianças ajudando seus pais. Temos de fazer isso: adaptar. Fazer um material adaptado. Muitas coisas devem partir do próprio universo cultural delas. Não dá para se falar de coisas de que elas não têm referências. Claro, não podem também deixar de lado a cultura universal.

e os professores?

Temos dificuldades em conseguir professores na selva. É o mesmo que se repete nas grandes cidades: problemas com material escolar, professores em reciclagem. A educação na Amazônia reflete também a realidade da região. Mas acho que a presença do Estado é necessária dentro da educação e da saúde. Caso contrário, ficaremos sujeitos apenas às atividades heróicas, como a do CTA.

como é tratada a questão da mulher dentro da selva?

O universo cultural de quem mora nos seringueiros possui grandes preconceitos. Os direitos da mulher, seja nos bairros mais luxuosos de São Paulo, ou nos seringais, não são respeitados. Se na cidade é algo disfarçado, no seringal é declarado. A situação tem mudado depois de haver participação das mulheres dentro dos sindicatos. Lá, elas participam e brigam. Está havendo também um entendimento por parte dos maridos. Porem ainda há muito preconceito. Para o nível cultural de certas pessoas, é complicado: para elas, a mulher e as crianças devem ser controladas pelo homem.

e, DENTRO DAS SELVAS, COMO SÃO VISTOS SUA MILITÂNCIA E SEU DISCURSO?

Para vocês, do Sul, é uma coisa abstrata. Para eles, não, porque é algo que já praticam há anos. O seringueiro na verdade pratica o desenvolvimento sustentado. Isso há mais de 50 anos. Ele só abre uma pequena clareira em volta de sua casa. Para se ter trabalho e não morrer de fome. Sabe que, sem a seringueira, a castanha e a caça irão padecer na selva. Quem trouxe a devastação foram os grupos agrícolas e da pecuária e também as monoculturas, como a da soja e a da cana. A questão do meio ambiente se juntou à sua luta pela preservação da seringueira. Sabem que, como já ocorreu muito, vendem suas terras e acabam morando na periferia das grandes cidades. Nós dizíamos: isso é desenvolvimento sustentado, viver e trabalhar sem destruir a natureza. E eles têm essa consciência. Porque já faziam isso.

QUE TIPOS DE PROJETOS PODEM OBTER SUCESSO DENTRO DO DESENVOLVIMENTO SUSTENTADO?

Os sistemas agroindustrias e agroflorestais. Como o plantio de cupuaçu, de cacau. Culturas que beneficiam a terra e não destroem a Amazônia. Os trabalhadores estão acostumados ao binômio borracha/castanha. Mas a borracha perdeu muito espaço para a Malásia. Então outras culturas devem ser tocadas para se sustentar a Amazônia, mas que não sejam estranhas à região.

COMO FICA A QUESTÃO DA MADEIRA DENTRO DO DESENVOLVIMENTO SUSTENTADO?

Mognos, castanheiras e cerejeiras, as chamadas madeiras nobres, servem para móveis. O que pode ser feito é o manejo florestal: em vez de entrar um trator e ir derrubando tudo, deve-se colher apenas as árvores maduras, que têm uma vida média de 70 anos. Depois de ser feita a colheita nessa área, só voltariam ali após 20 anos. Com isso, faz-se uma clareira, as árvores jovens tomam Sol e crescem. Ou seja, sustenta-se a própria natureza.

A AMAZÔNIA REÚNE O MAIOR NÚMERO DE ÁRVORES DO MUNDO. NO ENTANTO, NÃO SE TEM CONHECIMENTO DE NENHUMA GRANDE FÁBRICA DE

MÓVEIS DA REGIÃO. pOR QUÊ?

Devemos lutar para que a madeira seja beneficiada na região. E não importada como tora. Assim estaremos gerando empregos, construindo-se fábricas de móveis e derrubando menos árvores. Hoje vende-se uma tora por US$ 500 e a mesma madeira beneficiada é comprada na Europa por US$ 3 mil. Ela é comprada na Amazônia, onde não é tributada, e é vendida pelo seringueiro a um preço de fome.

qUER DIZER QUE NEM A COMPRA FEITA PELOS EUROPEUS É MUITO LÍCITA?

Por isso lutamos para que se exija o Certificado de Origem da Madeira. Na Europa, se faz um discurso e, na Amazônia, eles fazem negócios escuros. O certificado garantiria que a madeira fosse retirada dentro do manejo sustentado.

O SERINGUEIRO TEM A CONSCIÊNCIA DE QUE NESSE RITMO TUDO ACABARÁ EM CLAREIRA?

Claro, o seringueiro sabe que os recursos são finitos. Mas, como não existe uma política para borracha, acabam morrendo de fome. Têm de fazer isso, mas sabem que têm de parar; caso contrário, acabará a madeira.

nUM RACIOCÍNIO PESSIMISTA, CASO O DISCURSO DA SUA REGIÃO NÃO SEJA ENTENDIDO E ENCAMPADO PELO RESTO DO pAÍS, É POSSÍVEL QUE QUANDO ISSO ACONTEÇA A aMAZÔNIA SEJA SOMENTE UMA FOTO NA PAREDE, NÃO?

Não queria que a Amazônia fizesse parte de nosso passado. Seria ruim para o mundo. A humanidade já fez muito contra a natureza. Se continuar assim na Amazônia, nesse ritmo, haverá um holocausto. Mesmo os governadores conservadores, graças às pressões internacionais, não conseguem mais dinheiro para projetos que geram a devastação. Isso é muito bom. Já sabemos que certas culturas, como a pecuária, não trazem retorno econômico à região. Um hectare não sustenta um boi e com dois hectares de floresta compram-se dois bois. A grande luta que precisamos empreender é para que o governo só dê dinheiro aos projetos que tragam seus estudos de impacto ambiental e social e com critérios de sustentabilidade. Tentei colocar isso nas Leis de Diretrizes Orçamentárias, mas o relator rejeitou a iniciativa.

michael brenson

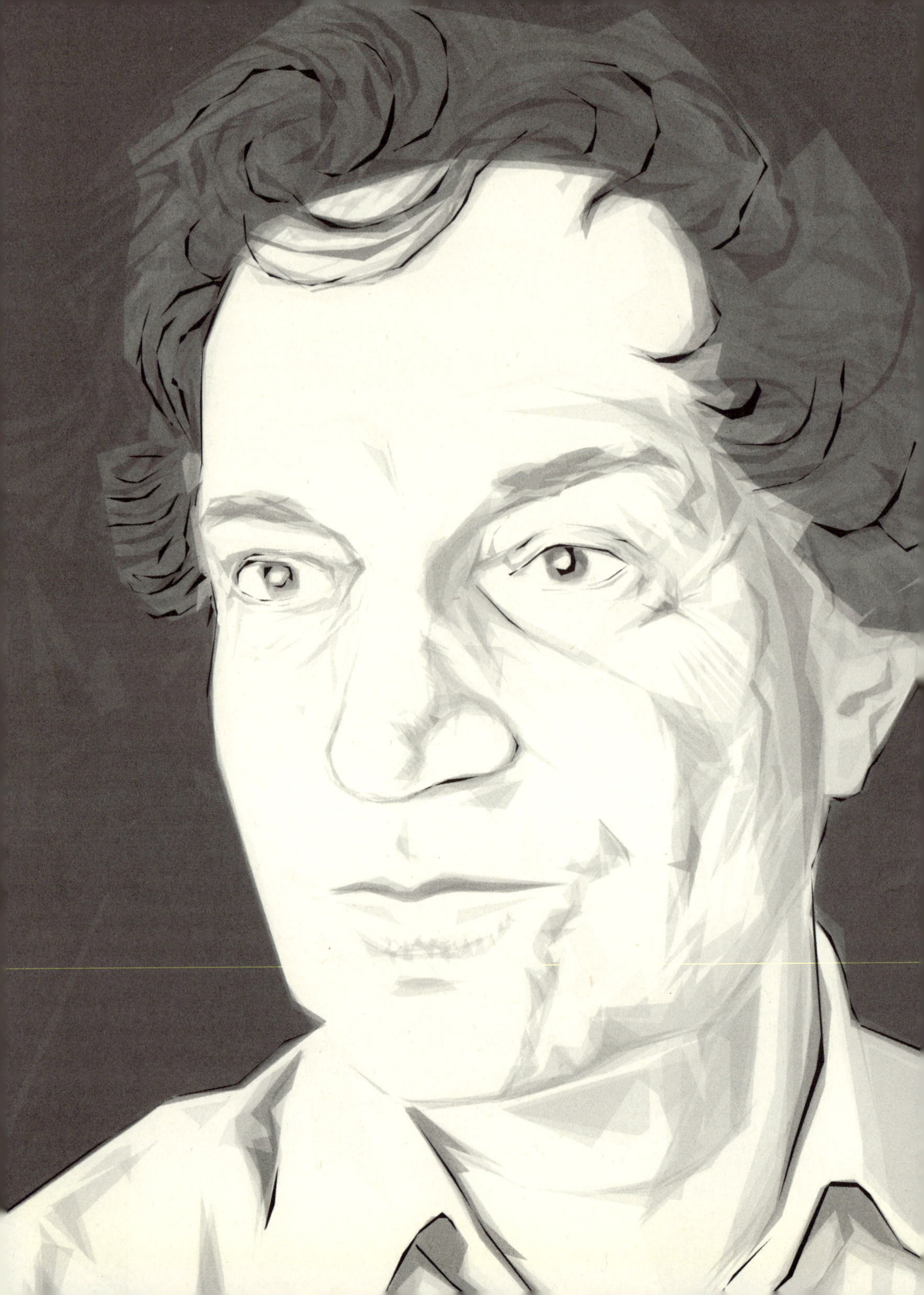

MICHAEL BRENSON

Ele é consultor editorial das revistas Sculpture *e* Art Journal, *duas renomadas publicações norte-americanas sobre arte, foi crítico do jornal The New York Times, que dispensa apresentações, e é PhD em História da Arte pela Johns Hopkins University. O norte-americano Michael Brenson possui um currículo suficientemente impressionante para se tornar uma das grandes palavras em arte no mundo. Seu objeto de estudo é a chamada arte pública e suas implicações no poder. Quando esteve no Brasil, participando do seminário Arte Pública, organizado pelo Sesc São Paulo, falou das relações entre arte, comunidade e Estado, ressaltando o papel das manifestações artísticas em grandes metrópoles como Nova York e São Paulo e analisando ainda o valor estético do grafite, meio de expressão que também tomou núcleos urbanos brasileiros – a cidade de Santo André, na Grande São Paulo, é considerada a capital sul-americana dessa arte dos muros. Para o historiador e crítico, o fenômeno da conquista de espaços públicos pela arte nasceu de uma necessidade cada vez maior pela audiência. Ou seja, se antes a arte era levada às ruas e praças em forma de monumentos e memoriais que lembrassem o poder dos governos que a financiavam, hoje ela ocupa os metrôs de Manhattan e os muros do centro da capital paulista, primeiramente no afã de ser vista. Na entrevista que se segue, Brenson comenta esse fenômeno que mudou a cara da cidade enquanto sistema orgânico, vivo.*

O QUE É ARTE PÚBLICA PARA O SENHOR?

Não sei se posso dar uma definição particular. Penso que, numa cidade como Nova York, existem muitos tipos de arte pública e estou interessado na totalidade desse tipo de arte; isto quer dizer, arte pública são monumentos, memorial, e também artistas trabalhando para desenhar espaços públicos mais humanos. Assim como artistas que trabalham em paradas de ônibus para criar algum tipo de diálogo cívico e até para provocar as pessoas, ao considerarem assuntos que não são normalmente questionados em debates políticos. A arte pública intervém também em comunidades que não têm nada a ver com objetos de arte tradicionais. Enfim, arte pública são as várias maneiras como os artistas estão tentando interagir com o público e trabalhando para entender melhor a noção de público.

a IDÉIA QUE NOS VEM DE ARTE PÚBLICA É A OCUPAÇÃO DO ESPAÇO URBANO PELA ARTE. nÃO É MAIS UMA QUESTÃO LOCALIZADA APENAS NUMA PRAÇA, MAS QUE PODE ESTAR NAS RUAS, NOS PONTOS DE ÔNIBUS, OU DISSOLVIDO POR TODA A COMUNIDADE. SERIA ISSO?

Previamente, a noção de arte pública era muito identificada com uma certa noção de poder. Era feita para representar pessoas no poder, localizada em lugares de poder, e não estou, a priori, me objetando a isso. O que você tem agora são artistas que estão explorando todos os espaços públicos como lugares em que se pode interagir. Não é só em quarteirões no centro de Manhattan ou de Chicago; ela pode ocorrer no metrô ou em parques. A noção moderna é de realmente explorar uma possibilidade de maior audiência.

VOCÊ PODE DAR EXEMPLOS?

Em Nova York existe um projeto de intervenção dos artistas nos jardins. Estes artistas pegaram lotes abandonados no Bronx e no Brooklin e os transformaram em jardins que são mantidos pelas comunidades. Você também pode pegar algo como o projeto criado por Mel Ericson e Kate Ziegler em comunidades que não tinham tradicionalmente acesso ao poder. Eles fizeram um *black housing project* em uma comunidade negra bastante pobre de Chicago para trabalhar com as mulheres de lá. O projeto foi inteiramente desenhado junto às pessoas da comunidade. Ericson e Ziegler estão interessados em como os jogos e objetos corriqueiros trazem certas informações apenas pela maneira como são nomeados e como essas informações estão conectadas com os sistemas de poder para poderem transformá-las, permitindo, assim, que estas pessoas dêem novos nomes de forma a criar um contato e uma consciência diferente.

a ARTE PÚBLICA NASCE COM O PODER E HOJE PARECE ESTAR NAS MÃOS DA COMUNIDADE. qUAL A DIFERENÇA ENTRE A ARTE PÚBLICA DO PODER E A DA COMUNIDADE?

Por arte pública no poder, eu quero dizer: monumentos, vitórias, guerras, homens, generais, padres... Eu penso que nos Estados Unidos é impossível haver uma unanimidade. Os grandes memoriais públicos, eles sim, possuem sistema de valores comuns, propósitos comuns, guerras comuns. Não acredito que você possa ter nos Estados Unidos uma guerra em que todas as pessoas acreditem, pois é um país tão multicultural que uma unanimidade seria impossível. No momento, esses valores comuns, esse senso comum de um país que se quebrou em várias unidades, passam pelo crivo dessas comunidades. É preciso saber o que pensam e quais são as necessidades dessas comunidades. O que elas pensam sobre arte? Não é mais uma coisa monolítica – ela está fora de pensamento, pois não há uma linguagem comum. Eu vou dar um exemplo do que ocorreu em Santa Fé, que é uma cidade multicultural. Em 1990 ou 1991, queriam criar um monumento que iria representar a cidade. Todos os diferentes grupos, americanos nativos, americanos mexicanos e os anglos, não chegaram a um acordo, pois todos tinham alguma objeção à escultura. Decidiu-se, então, fazer uma escultura abstrata, que não ofendia ninguém, mas também não falava nada a ninguém. Você tem trocas, tem que trazer os nativos americanos, os americanos mexicanos, você tem que criar algum tipo de diálogo e daí finalmente se aprofundar num solo comum. Mas nós ainda estamos no ponto em que as coisas são automatizadas e a arte pública é uma maneira de entender como é a vida dessas comunidades. Depois disso, começa-se a falar em algum tipo de monumento comum.

qUANDO VOCÊ ACHA QUE NASCE A ARTE PÚBLICA?

O termo arte pública apareceu nos anos 1960. Antes, o que era público era de alguma maneira privado. No modernismo, a arte pública era mais introvertida. Só conversava com um tipo de público. Aí nos anos 1960, no meu país, quando tudo de certa maneira explodiu – movimentos feministas, *black power* – criou-se então a noção de audiência múltipla, começou a ser introduzido um público múltiplo. Foi no final dos anos 1960 que a arte pública realmente entrou em debate.

eNTÃO mICHELANGELO SERIA UM ARTISTA PRIVADO TRABALHANDO PARA A iGREJA?

A prioridade básica da arte até metade do século 19 era ser vista. Isso é verdadeiro na Grécia e também no Egito. Michelangelo, que era arquiteto, fez arte para lugares públicos, sempre nesta perspectiva de grandes monumentos para serem vistos. No modernismo a arte começou a ser vetada ao público em geral. A partir de 1965, o público começou a buscar maneiras de se fazerem conexões.

dEPOIS DE mICHELLANGELO, EM QUE ÉPOCA O TERMO "ARTE PÚBLICA" SE PERDEU?

O termo jamais teria sido necessário, pois de alguma maneira a arte é e sempre foi pública. O próprio fato de ela existir enquanto termo implica que uma percepção genérica de arte havia se tornado privada.

qUANDO VOCÊ ACREDITA QUE O FAZER ARTÍSTICO FICOU SEPARADO DO FAZER ARTE PÚBLICA?

Acredito que por volta de 1850.

por que reapareceu nos anos 1960?
A maior parte da arte destinava-se a salões, museus e galerias. São fenômenos do século 19, começo do século 20. Daí a arte começou a ser feita para estes lugares, que são bastante especifcos; passou a ser feita para a casa das pessoas, para lugares privados, em vez de para igrejas e lugares públicos.

mas por que isso?
A arte começou a ser cortada do público na França. A atitude perante o público se tornou bastante ambivalente, e de alguma maneira o público se tornou um inimigo. Olhe o impressionismo – em direção ao cubismo, durante todo o processo até o modernismo, há um tremendo antagonismo entre o artista e o público. Não acredito que isso existisse antes de os artistas começarem a reagir contra a burguesia e contra os valores do poder, isso é, com Monet, Cezanne e Van Gogh. De repente você tem uma quebra entre os valores dos cubistas e os valores da sociedade no meio do século 19, e isso foi uma quebra muito severa que ocorreu nos anos 1960, quando os artistas reconectam e estabelecem algum elo através desse abismo que havia sido criado entre o artista e o público em geral.

a stone henge, que também é obra-prima, como é que ela fica?
Penso que tudo isso é arte pública. O Earth Art e o Landscape Art são exemplos, assim como o Stone Henge e Machu Pichu. Todos os lugares onde eles tinham este tipo de idéia dos rituais de comunidade.

isso é diferente do michelangelo?
Sim, mas talvez o Stone Henge no seu tempo tenha alguma equivalência com a Capela Sistina. São lugares em que as pessoas se juntam para celebrar algum tipo de sistema espiritual. Nós não sabemos o que Stone Henge significou, mas acredito que alguma coisa muito importante.

a arte pública como expressão da comunidade passa a ser um

INSTRUMENTO DEMOCRÁTICO DA MESMA MANEIRA QUE AS LÍNGUAS E A LINGUAGEM?

Acredito que a noção de arte pública é fundamentalmente democrática.

PELA PRIMEIRA VEZ NA HISTÓRIA, TEM MAIS GENTE NA CIDADE QUE NO CAMPO. COMO A ARTE PÚBLICA PODE AJUDAR A CONVIVÊNCIA DE TANTAS PESSOAS DIFERENTES DENTRO DO MESMO ESPAÇO?

Eu não acho que alivia a densidade das cidades. Esse tipo de arte é uma maneira de fazer contato. Como posso entender a mentalidade de pessoas com uma ascendência étnica diferente da minha? Como é que eles podem me entender? Como alguém no Brooklin pode entender alguém no Bronx? A arte pública cria elos importantes, se torna maneiras de negociação, pelas quais pessoas que estiverem separadas possam começar a se entender. Em termos de espaço público, essa possibilidade de comunicação é fundamental. É um entendimento mútuo. Estou muito interessado em outros projetos que estão construindo pontes onde antes não havia. Um exemplo é San Diego. O Museu de Arte Contemporânea, que é uma instituição rica, de brancos, fez uma exibição que trabalhou com um centro comunitário mexicano/latino-americano. O processo de criar essa exibição foi como uma guerra, mas algo saiu disso, um respeito mútuo. E o começo da confiança. No meu país, um grupo não respeita o outro. Esta é uma maneira de criar respeito e construir confiança.

A ARTE PÚBLICA NESSE CONTEXTO SERVE COMO PORTA-VOZ DA CIDADANIA?

Pode ser uma maneira importante na qual as vozes dos cidadãos podem ser ouvidas.

COMO A ARTE PÚBLICA CONVIVE COM O MERCADO TRADICIONAL DA ARTE?

Eu penso que há artistas que criam para galerias e museus e, no entanto, são muito bem-sucedidos ao trabalharem em espaços públicos. Mary Miss é um exemplo. Há artistas que não têm nenhuma relação com o universo comercial, eles não fazem objetos, só estão envolvidos em fazer arte com a comunidade, e isto basta para eles.

Mas o que é importante é que o tipo de patrono, fundações e as agências governamentais, nos EUA, mudou radicalmente. Atualmente, há um grande suporte para toda a arte que pretenda fazer qualquer tipo de mudança social. Há fundações bastante poderosas dando suporte à arte pública, como a Arthur Foundation, a Rockfeller Foundation e o National Endowmments For The Arts. São lugares que dão bastante dinheiro para esse tipo de projeto.

é POSSÍVEL CARACTERIZAR ALGO COMO O ESTILO DESSA ARTE PÚBLICA CONTEMPORÂNEA?

Este tipo de arte ativista é baseado numa certa noção de colaboração, mas isso tem a ver com a personalidade do artista, com a sensibilidade do artista. Há artistas que fazem trabalhos que são fortemente solidários, mas que são trabalhos individuais. Então, de trabalho a trabalho que você realiza, há a assinatura de sua própria personalidade. Por isso, torna-se difícil definir um estilo.

O QUE VOCÊ ACHA DAS CONSTRUÇÕES FEITAS PELO mITTERAND COMO A GRANDE BIBLIOTECA E O aRCO DA dEFESA? iSSO É MANIFESTAÇÃO DE ARTE PÚBLICA OU É SÓ UMA MANIFESTAÇÃO DE ARTE DE PODER?

Isso é parte da força de um país que vê a arte e a arquitetura como algo que pode reforçar o poder do Estado. Estas construções têm muito pouco valor social, mas um grande valor estético. Essas pessoas deixam os seus selos nas cidades, como os impérios faziam. Isso tem muito a ver com a noção de engrandecimento pessoal. Alguns monumentos têm mais a ver com o poder do Mitterand do que com qualquer responsabilidade social.

eM QUE MOMENTO A ARQUITETURA SE MISTURA COM A ARTE PÚBLICA?

Você teria que retornar a Michellangelo, que era arquiteto, pintor e escritor. Penso que o momento em que os artistas realmente começaram a trabalhar como desenhistas e arquitetos de espaços públicos foi no final dos anos de 1960. O trabalho de Katlend, monumento para a Terceira Internacional, foi uma forma de arquitetura. O construtivismo russo, essa arte abstrata, tem um certo tipo de visão arquitetônica.

o TRABALHO DO ARTISTA BÚLGARO Christo PERTENCE À ARTE PÚBLICA OU NÃO?

Claro, ele fez projetos nos quais trabalha com pessoas ordinárias, são bastante acessíveis ao cidadão e com uma localização central na cidade. Eles são definidamente arte pública, tratam de assuntos e monumentos públicos. Eu amo seu trabalho. Acredito que ele tem uma visão importante que será repetida na história.

a ARTE PÚBLICA, ALÉM DO SENTIDO DA COMUNIDADE, PODE EMBELEZAR A CIDADE, DEIXÁ-LA MAIS BONITA, MELHOR PARA SE VIVER?

Sim, mas acho que é duro. Muitos monumentos foram colocados para embelezar a cidade, só não sei quantas pessoas realmente se sensibilizam. Em princípio, podem-se colocar monumentos que farão as pessoas se sentirem melhor ou mais orgulhosas do lugar onde vivem, mas é mais difícil do que você possa pensar.

por quê?

Porque é tido como garantido que esses monumentos tocam as pessoas. Não acho que isso acontece. Penso que, na realidade, eles mexem com poucas pessoas. A maioria se acostuma, os tolera. A princípio, o objetivo dos monumentos é colocá-los nos espaço para que as pessoas se sintam orgulhosas, contentes do lugar onde estão, mas isto pode ser mais difícil do que pensamos.

os GRAFITES NOS PRÉDIOS DE são paulo REPRESENTAM UMA CALIGRAFIA PESSOAL OU PODEM SER CONSIDERADOS UMA AÇÃO COMUNITÁRIA?

Penso neles mais como informação pública do que arte pública.

é BARULHENTO?

Você pode ter arte pública barulhenta ou bastante provocativa, mas o grafite no metrô de Nova York, por exemplo, é um tipo de poluição visual. Não estou falando da questão da poluição visual porque após o Keith Harring a cidade foi tomada sob os viadutos pelos grafiteiros. Nem sempre aquilo pode ser considerado interessante do ponto de vista crítico, porém é mais uma afirmação para você deixar uma assinatura. É uma declaração pública, mas isso não faz com que seja arte pública. Eu quero dizer que alguém como o Keith Harring, quando fez essas coisas em público, estava falando de tal maneira que se entenderia o que ele falava. Havia uma mensagem de continuidade, o que é muito diferente do que simplesmente declarar um nome.

aTÉ QUE PONTO A ARTE PÚBLICA NO CONCEITO QUE O SENHOR DEFENDE É TAMBÉM UMA REAÇÃO A ESSA CULTURA DE MASSA?

É difícil de imaginar porque não pode ser manifestado dessa maneira, pois, no grau em que ela funciona, você está se relacionando com a realidade de outro grupo de pessoas. Essa realidade é difícil de ser massificada. Ao mesmo tempo que tudo está quebrado em partes, que está atomizado em menores fragmentos, o mundo se tornou mais global. Você tem a CNN, a MTV, que estão em volta do mundo. Há uma tendência de se pensar igualmente, e acho que há inter-relação entre elas. Penso que provavelmente, à medida que nos ocorre esse movimento global, as comunidades não têm mais de perder sua identidade, de ser consumida em relação à mídia de massa.

paulo autran

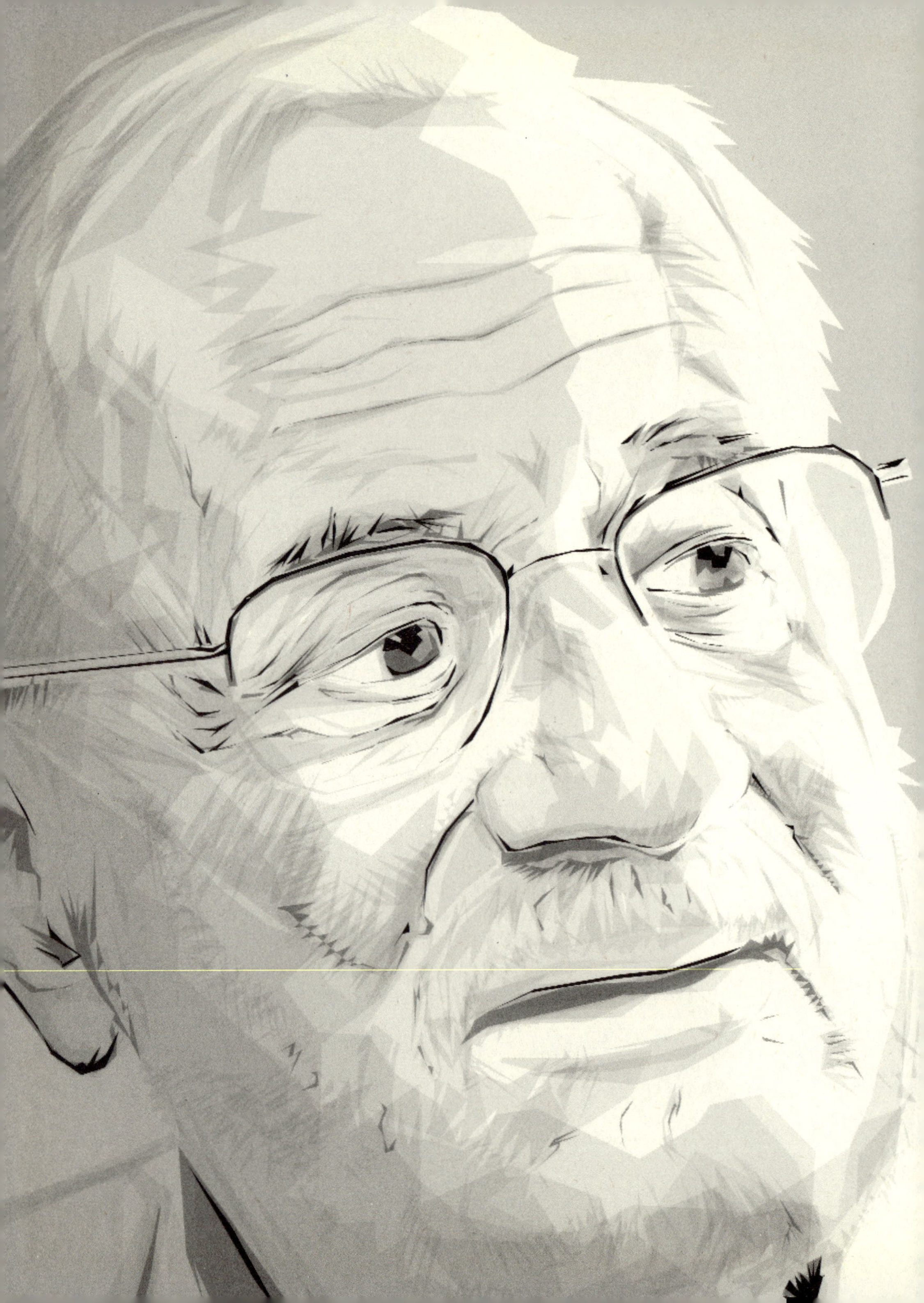

paulo autran

Assim como Pelé é sinônimo de futebol e Pixinguinha é a própria MPB, Paulo Autran tornou-se, em mais de meio século de carreira, o emblema do teatro brasileiro. O ator e produtor carioca iniciou sua carreira no legendário Teatro Brasileiro de Comédia (TBC), formando, em 1955, junto com Tônia Carrero e Adolfo Celi, a sua própria companhia. A estréia triunfal é com a montagem de Otelo, de William Shakespeare, traduzido especialmente para a ocasião.

Encarnando personagens densos ou figuras leves com humor requintado, Autran construiu uma célebre galeria de tipos que hoje fazem parte da memória da arte brasileira. Algumas de suas interpretações de clássicos como Édipo Rei, My Fair Lady, Seis Personagens em Busca de um Autor, Rei Lear e A Morte de um Caixeiro Viajante marcam a própria história do teatro.

No cinema, protagoniza, em 1967, a obra-prima do cinema novo, Terra em Transe, de Glauber Rocha; e O País dos Tenentes, em 1987, sob direção de João Batista de Andrade.

Nas novelas, cria personagens memoráveis como Baldaracci, em Pai Herói; e o impagável Bimbo, de Guerra dos Sexos. Em 1995, obtém outro sucesso com a peça As Regras do Jogo, de Noel Coward. O grande ator do palco brasileiro chega aos 53 anos de carreira consagrado por suas interpretações dramáticas e cômicas.

Autran também é reconhecido como um importante pensador do teatro e por sua capacidade em realizar análises sempre instigantes de problemas e aspectos da cultura brasileira.

o QUE O SENHOR ESTÁ PREPARANDO AGORA?

No momento, terminei minha temporada de Variações Enigmáticas, uma peça de Eric-Emmanuel Schmitt, que, apesar do nome, é francês. É um dos bons autores modernos franceses. Esteve em cartaz no Teatro Maison de France, no Rio de Janeiro, até o dia 23 de junho. Depois vou fazer Curitiba, Florianópolis e Porto Alegre, de onde irei até Lotas, Santa Maria e depois venho para São Paulo, estréio aqui em setembro no Teatro Faap. É um espetáculo lindo, com direção de José Possi Neto e no qual trabalho com Cecil Thirè, que está ótimo na peça. Foi um sucesso no Rio, as críticas geniais. Até Bárbara Eleodoro, considerada a crítica mais rabugenta do Brasil, gostou muito. Ela elogiou cada elemento do espetáculo. Elogiou primeiro o teatro, que esteve fechado por 17 anos e agora foi inteiramente reformado, restaurado e está lindo. Mas o carioca está com muito medo de ir ao centro à noite. Então, tivemos que fazer num horário especial. Mas aqui em São Paulo será em horário normal, de quinta a domingo, no Teatro Faap, que é um teatro que o público gosta muito de ir e eu gosto muito também.

aLGUM MOTIVO ESPECIAL PARA TER ESCOLHIDO ESSA PEÇA?

Desde a primeira vez que li, fiquei apaixonado por esse texto. Antes mesmo de fazer *Visitando Mr. Green*, que foi a última peça que fiz. Mas esta era um sucesso tão grande que não podia interromper. Assim, traduzi *Variações Enigmáticas* e quando terminou a carreira de Mr. Green – que, aliás, terminei um pouco abruptamente porque estava louco para encenar essa peça que estou agora – comecei os ensaios. E estou muito feliz.

qUAL É O ENREDO?

É um escritor Prêmio Nobel que mora sozinho no norte da Noruega, perto do Pólo, e que recebe a visita de um repórter. E será repórter ou não será repórter? Do relacionamento dos dois vão surgindo coisas inacreditáveis. Porém, o que o interessa na peça não é só o suspense que ela tem o tempo inteiro, mas sim o que se discute e a maneira de discutir. É um texto de altíssima qualidade mesmo, e que apaixona a platéia. Ri-se muito no início, depois a platéia vai ficando presa ao texto... É uma delícia ver a reação da platéia.

O SENHOR ESTÁ COM QUANTOS ANOS DE CARREIRA?

Eu estreei no dia 13 de dezembro de 1949, ou seja, 53 anos de carreira em dezembro.

COMO É ESCOLHER UM TEXTO COM 53 ANOS DE CARREIRA? O SENHOR QUE JÁ FEZ VÁRIOS TIPOS DE PERSONAGEM...

Pois é. Já fiz vários tipos. Gosto muito de variar. Então, se faço uma tragédia, depois quero fazer uma comédia, depois um drama... Eu, que não canto nada, fiz os dois musicais de mais sucesso no Brasil que foram *My Fair Lady*, de 1962 a 1964; e *O Homem de La Mancha*, dez anos depois. Os dois com Bibi Ferreira. Já fiz todos os gêneros e gosto mesmo de variar, variar o tipo que faço, o tipo de personagem. Não é uma história que eu prefira, um gênero de teatro que eu prefira. Acho que se o texto é bom pode ser de qualquer gênero.

ENTÃO, QUANDO O SENHOR BUSCA UM TEXTO, O QUESITO É QUALIDADE?

O quesito é eu gostar. Se leio a peça e ela me interessa muito, tenho a pretensão de achar que o público também vai se interessar. E de vez em quando a gente se engana...

MAS JÁ HOUVE VEZES EM QUE O SENHOR GOSTOU DE UM TEXTO, SENTIU POR ELE UMA SIMPATIA ESPECIAL, MAS O RESULTADO FICA CHATO?

Acontece... Por exemplo, a peça *Para Sempre*, da Maria Adelaide Amaral, eu li, gostei muito, a Karen Rodrigues leu e gostou, nós montamos, o espetáculo ficou muito bonito, mas em São Paulo a peça não agradou nada. Viajando com a peça por várias cidades, o espetáculo era sucesso. Aí resolvemos voltar para São Paulo e foi um fracasso maior ainda. Não bateu com o público paulista, eu não sei por quê...

e A QUESTÃO DESSAS PEÇAS DE **S**HAKESPEARE? **S**E FIZERMOS UMA LISTA DE AUTORES MONTADOS NO **b**RASIL, ELE SEMPRE APARECERÁ ENTRE OS PRIMEIROS LUGARES...

Eu tenho o prazer de dizer que quando montei *Otelo*, ninguém pensava em montar Shakespeare no Brasil. Eu montei *Otelo*, depois *Coreolano*, depois *Macbeth*, depois *A Tempestade*, aliás com um grupo de Londrina – eles que me convidaram –, e depois Rei Lear; quando fiquei com o cabelo completamente branco, resolvi montar *Rei Lear*. Este foi um espetáculo que não agradou a classe teatral, mas o público adorava. Foi a peça na qual fui mais ovacionado na minha carreira. Aliás, a única em que fui ovacionado além do aplauso foi essa. Atualmente, a classe teatral foi despertada pelo encanto extraordinário que é montar um Shakespeare, um autor de amplitude fantástica. Ele abrangeu todas as paixões humanas, tanto as positivas, quanto as negativas, o ciúme no caso de *Otelo*. Então, você encontra nele todas as tendências do ser humano. Ou seja, é ótimo que se esteja levando bastante Shakespeare, acabei de ver o do Peter Brook. Engraçado que, há muitos anos, a primeira vez que eu fui à Europa, vi Irmã La Duce, uma peça francesa de Brook. Depois disso, ele fez o sucesso extraordinário que fez como um diretor até meio místico que é.

eM TERMOS DE TEXTOS BRASILEIROS, O QUÊ O SENHOR TEM VISTO DE DRAMATURGIA INTERESSANTE?

Nós temos vários autores muito interessantes. O maior de todos é Nelson Rodrigues, que eu nunca levei e agora nem posso levar porque ele não tem nenhum personagem nem perto da minha idade. O que é uma pena, porque gosto muito dele como autor. Além disso, temos vários autores modernos interessantes, o Naum Alves de Souza, a Maria Adelaide Amaral, Flávio de Souza, agora vi uma peça do Bosco Brasil. Sempre surgem autores interessantes. Agora, não aconteceu no Brasil nenhum Molière ou nenhum Shakespeare, mas isso é raro de acontecer no mundo inteiro.

A EXPLOSÃO DE NELSON RODRIGUES SE DEU PARALELAMENTE A SUA CARREIRA DE ATOR, COMO É OBSERVAR O SURGIMENTO DE UM AUTOR COMO ESSE E NUNCA TER FEITO NADA DELE?

Eu tinha uma certa antipatia pelo Nelson por causa das idéias políticas dele, por isso não queria mesmo montar nada dele. Agora que já passou tudo isso, nós estamos em plena democracia, graças a Deus, e gostaria de fazê-lo, não posso mais. O personagem mais velho que ele tem é um pai, de *Beijo no Asfalto*, mas que é um homem de 50 anos no máximo.

UMA VEZ O SENHOR DISSE A RESPEITO DO ATOR ROBERT DE NIRO, QUE ENGORDOU PARA FAZER AL CAPONE EM *OS INTOCÁVEIS*, COMO SERIA SE ELE TIVESSE DE FAZER O PAPEL DE UM CEGO. OU SEJA, TUDO DEPENDE DE O PÚBLICO ACREDITAR NA SUA CARACTERIZAÇÃO...

Era só usar um enchimentozinho, não precisa engordar... (risos). Mas essa é uma maneira de encarar as coisas. Eu me lembro de conversar com professores de teatro aqui no Brasil e havia alguns que diziam "o ator só pode fazer personagens que estão dentro do seu âmbito cultural e do seu referencial". Acho que não. Se fosse assim, você condenava o autor brasileiro a jamais fazer um rei ou uma tragédia grega, coisas que estão completamente fora do nosso "referencial". O material com o qual o autor trabalha é a imaginação. É claro que inteligência, sensibilidade e cultura ampliam a imaginação, mas o ator é capaz de fazer um rei, um mendigo ou seja lá o que for. Ou melhor, ele deve ser capaz de fazer. Tenho pena do ator que vai fazer um louco e passa seis meses freqüentando um hospício para ver como eles são. É uma maneira de fazer, mas é inútil porque cada um de nós tem muitos loucos dentro de si e, quando você exterioriza aquele louco que está na sua imaginação, exterioriza com muito mais força e verdade do que apenas imitando a maneira de agir de um louco que viu em algum lugar.

OU SEJA, ESSE "REALISMO" QUE EXISTE HOJE VAI UM POUCO CONTRA A IMAGINAÇÃO DO ATOR.

Esse realismo sempre existiu. O que digo é que o teatro vai além dessa mera cópia. Uma interpretação não deve ser uma mera cópia.

nESSE SENTIDO, COMO O SENHOR VÊ UM ATOR QUE ENGORDA CEM QUILOS PARA FAZER UM PERSONAGEM?

O que sinto? Pena. Coitado, teve de comer tanto... Agora vai ter de fazer regime para emagrecer. É isso que sinto. Às vezes, até vou ver o resultado e digo "olha, que bela interpretação". O De Niro, que você citou, estava maravilhoso naquele filme.

O SENHOR PRESENCIOU MOMENTOS DISTINTOS DO TEATRO BRASILEIRO. O QUE ACHA DESSA EVOLUÇÃO, NÓS CAMINHAMOS PARA O QUÊ?

Acho que o teatro brasileiro só fez evoluir. Quanta gente encontro que diz que não vai mais ao teatro depois do TBC. Em geral, pessoas muito velhas e retrógradas. Nós temos feito espetáculos brasileiros e temos visto espetáculos brasileiros do mesmo nível do melhor possível. Há espetáculos brasileiros que vão para o exterior e fazem um sucesso incrível e ganham prêmios de todo tipo. Somos capazes de fazer o melhor teatro que se faz no mundo. Não diria que a média do teatro brasileiro é tão alta quanto a média do europeu ou norte-americano, mas temos capacidade para fazer um teatro igual ao melhor teatro do mundo. Agora, qual será o caminho não sei. Quantas vezes vi grupos novos dizendo que estão pesquisando a maneira brasileira de representar. Eu me lembro que na juventude do Augusto Boal ele dizia que só havia uma maneira de representar, a de Oscarito e a de Grande Otelo. Ou seja, ele estava condenando o ator brasileiro a ser cômico. Então o ator brasileiro não podia jamais fazer um drama ou uma tragédia porque a única maneira brasileira era de Oscarito ou Grande Otelo? Acho que mesmo o Boal não pensa mais assim. Não adianta pesquisar qual é a maneira brasileira de representar. Essa maneira surgirá aos poucos, quando o teatro brasileiro tiver uma tradição de muitos e muitos anos, de uma prática constante. Aí sim se poderá falar isso como se fala num estilo inglês ou francês. Por enquanto, não existe um estilo brasileiro.

eM NENHUM SENTIDO?

O próprio Arena, que começou com uma pesquisa de dramaturgia e maneira de representar brasileiras, acabou fazendo Molière. Ele mesmo procurou ampliar sua capacidade levando textos de outros países e, evidentemente, procurando novas formas de interpretação. A maneira brasileira de representar, digamos, peças caipiras seria a maneira paulista interiorana de representar; se você levar Suassuna, seria a maneira nordestina de representar. Tudo isso são maneiras absolutamente legítimas de representar, mas não significam um ideal a ser conquistado por toda a classe teatral brasileira. Acho que a nossa ambição deve ser maior que isso. Deve ser, aos poucos, ir com a sua qualidade criando uma maneira, um estilo brasileiro de representar. Só se poderá falar nisso daqui a 50 ou 100 anos.

quem foram os atores brasileiros que o senhor viu e ficou impressionado?

Ah, isso nós temos maravilhosos. Quando você pensa no Marcos Nanini, no Juca de Oliveira, no Gianfrancesco Guarnieri, deslumbrante no palco. Temos atores sensacionais. Leonardo Vilar fazendo *O Pagador de Promessas*, no palco e na tela, é uma interpretação magnífica. Nós temos momentos de teatro no Brasil, e atores, de uma grande capacidade. Isso para citar alguns. O mesmo vale para as atrizes. Temos Fernanda Montenegro, Tônia Carrero, Irene Ravache, Bete Coelho, tantas e tantas. Minha mulher, Karen Rodrigues, estava fazendo *Saunas, O Construtor*, e a interpretação dela era extraordinária.

e quanto a montagens? nesse universo de tempo que o senhor faz e freqüenta teatro, o que viu e achou memorável?

Vou sempre ao teatro. Acho mesmo que sou dos atores profissionais no Brasil o que mais assiste a teatro. Estou sempre que posso indo ao teatro. E conversando com Sábato Magaldi ele me disse algo que sinto também, disse "Paulo, eu gosto até de ver mau teatro, mesmo quando sei que o espetáculo não é muito bom gosto de ir e gosto de ver". Sou assim também. Gosto de ver tudo. Sábato me levou para ver um espetáculo amador, em São Paulo, que odiei (risos), mas tinha coisas interessantes. Ao menos serve para você ver o que não deve fazer (risos). Agora, os que mais gostei? *Chapeuzinho Vermelho*, de Antunes Filho, é um espetáculo absolutamente inesquecível, lindo; *As Lágrimas Amargas*, de Petra Von Kant, com Fernanda, também; *Macunaíma*, também de Antunes; muitos, muitos...

COMO O SENHOR CONSTRÓI UM PERSONAGEM HOJE? MUDOU ALGUMA COISA?

Não sei se mudou... Acho que não. Às vezes, conversando com um estudante, ele me pergunta a mesma coisa. Sinceramente, não sei. Vou lendo a peça, depois começo a pensar por que o meu personagem está naquela peça, o que ele significa, o que ele quer dizer em cada cena. Todo o mundo sabe que o importante não é o que o personagem diz, mas sim o que ele quer dizer, o que está sentindo por trás daquela frase. É descobrir coisas. Aí, de repente, o personagem está construído. E também tem aquele dia da intuição no qual, no meio do ensaio, de repente, parece que o personagem ficou "fácil", que você descobriu como ele é. Esse é um dia de graça divina, um dia maravilhoso... que nem sempre acontece.

HÁ ALGUMA COISA QUE O SENHOR DEIXOU DE FAZER EM TEATRO QUE SE ARREPENDE, ALÉM DE NELSON? ALGO COMO "EU DEVERIA TER FEITO *HAMLET* HÁ DEZ ANOS"...

Nunca chegou a hora de eu fazer *Hamlet*, isso é engraçado. Quando comecei a me apaixonar totalmente pelo Shakespeare, eu já não tinha mais idade para fazer Hamlet. Lembro-me muito de uma declaração de Laurence Olivier que, quando fez o Hamlet no cinema, já tinha mais de 40 anos e disse que os papéis dos jovens em Shakespeare a gente só aprende como são quando não temos mais idade para fazer (risos). Mas, na carreira de teatro, como na vida de qualquer um, você tem aquele momento em que escolhe um ou outro caminho. Então, quando tem sorte, escolhe certo; quando não, escolhe errado. E essa questão da escolha é muito importante. Numa ocasião, estava em minha casa, e Cacilda Becker foi me procurar. Ela e Maurice Vanot. Disseram que estavam com um texto maravilhoso que queriam fazer comigo. Era *Quem Tem Medo de Virgínia Woolf*, um texto maravilhoso. Eu disse a ela "por que você não faz com Walmor Chagas, que é seu marido?". Ela respondeu "Paulo, é uma peça de briga de casal, é tanta briga que eu não quero brigar com ele" (risos). E eu tinha sido convidado por Paulo Rangel para fazer *Liberdade, Liberdade*, um texto que ele escreveu para mim – foi ao menos o que disse, eu estava apaixonado pelo texto. Ou seja, foi uma escolha. E *Liberdade, Liberdade*, na minha carreira, foi um marco muito importante. Então, acho que escolhi certo. Não estou comparando a qualidade dos dois textos, mas, naquela circunstância, na minha carreira, foi mais importante para mim fazer um e não o outro. E acho que no Brasil também foi porque naquele momento o texto de Rangel era um texto de protesto contra o Golpe de 64 e um texto que foi importante para o País, ouvir aquela voz contra o golpe. E consegui levar essa peça de Porto Alegre a João Pessoa. Depois ela foi proibida. Mas Cacilda acabou fazendo-a com Walmor, eles não brigaram e foi um sucesso dos dois. Até nisso a minha escolha deu certo (risos).

DURANTE A DITADURA COBRAVA-SE MUITO DOS ATORES, E ARTISTAS EM GERAL, UM ENGAJAMENTO POLÍTICO. HOJE, NUMA DEMOCRACIA, ISSO NÃO TEM MAIS SENTIDO. CONTUDO, O SENHOR ACHA QUE O TEATRO BRASILEIRO ATUAL ESTÁ MAIS COMERCIAL?

Não; há vários grupos interessados justamente em linguagens novas, em textos novos, em pesquisas. Há de tudo no teatro brasileiro, o que vem mostrar uma certa maturidade no teatro no Brasil. Você abre as páginas de anúncios de espetáculos teatrais e vê espetáculos de todos os gêneros, de todos os tipos de pesquisa. Do mais comercial até o mais experimental possível. Sempre gostei muito de novas experiências. Lembro que, quando fiz *A Amante Inglesa*, de Marguerite Duras, ninguém sabia quem era ela no Brasil, era uma peça absolutamente de vanguarda e eu tinha dito a Tônia "veja, ambos estamos fazendo uma novela de sucesso, é o momento de a gente montar essa peça, se quatro pessoas gostarem está feito o nosso trabalho". Era uma peça que não exigia muito cenário. Ao contrário, a autora pede uma cadeira na frente do pano.

O SENHOR ACHA QUE, NESSE SEU PERÍODO DE ATOR EM TELEVISÃO, FEZ ALGUMA COISA QUE SUPERASSE OU SE IGUALASSE A ALGO FEITO NO TEATRO?

Só fiz três novelas, mas deixava um espaço de quatro anos entre uma e outra. Então, houve um período longo em que fiz novela, mas só fiz três. Fiz Baldaracci, em *Pai Herói*; fiz Bimbo, em *Guerra dos Sexos*; e fiz Cissinho [Aparício Varela], em *Sassaricando*. Três débeis mentais. Cansei um pouco de fazer débeis mentais. Dez anos depois, aceitei fazer uma participação numa minissérie. Isso porque eles me disseram que era um papel pequeno e a duração seria de, no máximo, três meses. E a gravação durou seis meses, foi meio ano de *Hilda Furacão*. Foi uma minissérie de grande sucesso popular, e tive o prazer enorme de contracenar com Rodrigo Santoro, que é um ator maravilhoso. Vi *Abril Despedaçado* agora no cinema e fiquei deslumbrado com a interpretação dele. Vi também *Bicho de Sete Cabeças*. Aliás, fui eu que indiquei o Rodrigo para a Laís Bodanzky, a diretora. Ela me deu o *script* e perguntei quem ia fazer o rapaz, o personagem principal. Ela disse que ia fazer teste. Falei "procure esse menino, o Rodrigo, que é bom e pode fazer bem." Em todas as entrevistas, ela tem agradecido a indicação, deu muito prazer saber disso.

roberto romano

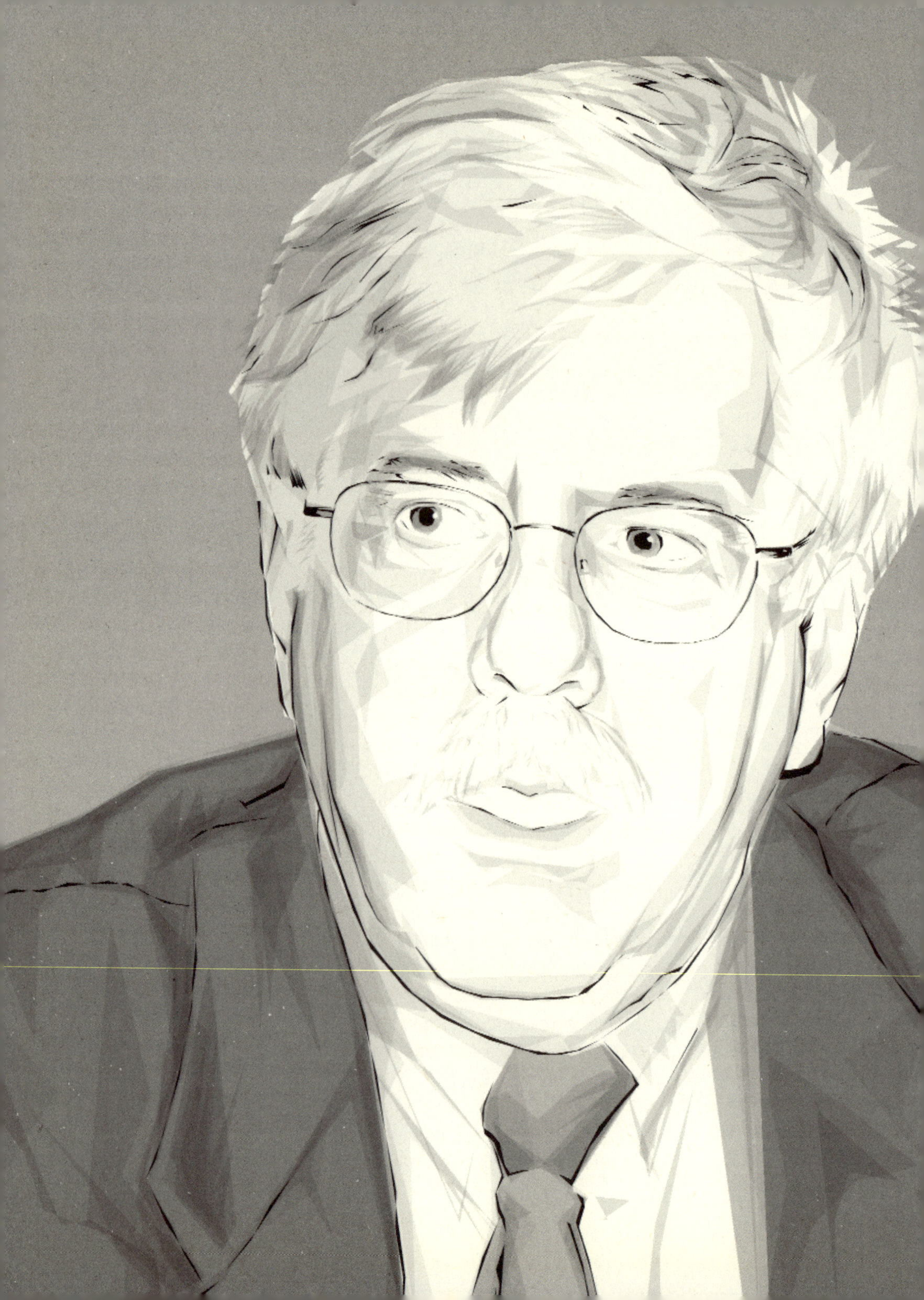

roberto romano

Trabalha prioritariamente no campo da ética e da filosofia política. Porém, por conta de seus interesses teóricos, também milita na política nacional desde 1962. Nesta área seus primeiros passos foram dados no movimento estudantil da época, quando os temas das reformas de base definiam os alvos do governo federal. Romano integrou as primeiras equipes de estudo para a aplicação do método Paulo Freire, sob a liderança do filósofo católico Ubaldo Puppi (cassado durante os eventos de 1964). Permaneceu na Ordem dos Pregadores durante vários anos e, no período, foi preso político (no Presídio Tiradentes). Depois da prisão entrou para a USP, onde estudou Filosofia. Desde 1987 encontra-se no Instituto de Filosofia e de Ciências Humanas (IFCH), no Departamento de Filosofia da Unicamp. Para o professor, a polêmica une-se de imediato à democracia. O pensamento dogmático não aceita debates ou discussões. Os seus proponentes julgam-se na posse da verdade e recusam a possibilidade de errar. Na polêmica, desde que não se dirija para desqualificação dos interlocutores, os erros podem ser admitidos e a verdade se manifesta como um alvo, jamais como uma propriedade adquirida.

Com este espírito, Roberto Romano tornou-se um dos intelectuais mais respeitados e admirados no Brasil contemporâneo. Suas intervenções, em livros, palestras ou artigos na imprensa, jogam luzes puras sobre problemas intrincados, colocando-o entre uma das vozes mais lúcidas e criativas do cenário brasileiro.

dE REPENTE, A SOCIEDADE SE VIU DIANTE DE UMA ENORME VIOLÊNCIA. eLA JÁ EXISTE E A MÍDIA, SOMENTE AGORA, COMEÇOU A LANÇAR LUZES E DISCUTIR A QUESTÃO. iSSO FEZ COM QUE A SOCIEDADE COMEÇASSE A QUESTIONAR SEUS MECANISMOS DE DEFESA OU ISSO EXISTIA? é UMA COISA RECENTE? qUAL A SUA IMPRESSÃO?

Não se trata de impressão. A experiência do fato violento nas relações humanas é algo que vem sendo discutido desde que temos um pensamento reflexivo sobre o direito, a religião, o mundo etc. Desde a filosofia grega, há autores que já imaginam a natureza com uma imensa guerra de elementos que seria a contraposição de forças de coesão e destruição. Teria-se a guerra e o amor. Esta teoria é uma transposição do que se via na vida social grega, uma violência atroz.

oU SEJA, NO CHAMADO BERÇO DA DEMOCRACIA, NÓS TÍNHAMOS UMA SOCIEDADE VIOLENTA?

Violenta e extremamente cruel. Há um autor, por exemplo, que escreveu sobre a experiência grega na guerra, mostrando, com reconstituição de armaduras e táticas de guerra, como a sociedade, para obrigar as pessoas a se tornarem belicosas, imaginava estratagemas terríveis. Num batalhão de guerreiros armados, sem cavalos, o que fazia a cidade? Colocava os covardes que tinham revelado algum medo na frente, os mais valorosos atrás, para justamente empurrar os outros, e colocava na frente o pai, atrás o filho, do lado o cunhado etc.

eRA UMA ESPÉCIE DE ARDIL PARA FAZER COM QUE A PESSOA, MESMO COM MEDO, NÃO ESCAPASSE DA GUERRA.

Ao ler a Guerra do Peloponeso nota-se ali a descrição de uma crueldade, de uma violência, que um autor como Nietzsche, no século 19, especialista do pensamento grego, considera como a violência "tigresca" dos gregos. Sempre que se vai a Atenas, há algum monumento, museu grego, como aquelas estátuas refinadíssimas, a arte fantástica, a poesia grega, com a sua beleza formal, encantadora, você não pode esquecer que aquilo é a flor de uma raiz extremamente violenta. Essa experiência da violência humana já está tematizada, por exemplo, na *República de Platão*, que para o vulgo é entendida como uma coisa utópica, boba, platônica. Na verdade, ao ler, percebe-se que ela descreve os costumes gregos como violência atrás, por exemplo, a famosa cena da caverna. Na caverna estão os homens presos e voltados para a parede, e o Sol, atrás deles. Não conseguem mover o pescoço para ver a verdade, apenas o filósofo consegue sair, olhar o Sol e quando volta está com o olho ofuscado, e então não pode exprimir a verdade para seus companheiros. Pois bem, para se ter uma idéia, essa descrição é muito edulcorada nas suas traduções. Aquelas pessoas estão sendo torturadas, estão em instrumentos de tortura. Aquelas pessoas que não conseguem ver a verdade. Há inclusive uma autora americana que escreveu um livro chamado *Verdade e Tortura*, em que tenta mostrar como o pensamento ocidental é quase sempre violento, como quase sempre verdade significa, para nós, arrancar o testemunho, sob pressão de tortura, e depois levar a um tribunal. Para Kant, a razão é um tribunal. No século 16, Francis Bacon disse "o melhor modo de se conhecer a natureza é torturando-a, arrancando seus segredos atrás da tortura". Do ponto de vista espiritual, a nossa experiência mais elevada é a de violência. Não há novidade alguma para quem se dobra sobre a história da humanidade ocidental e da oriental, que também não foge desse padrão.

PERCEBE-SE PELAS INSCRIÇÕES LITERÁRIAS E HISTÓRICAS DA CULTURA ORIENTAL COISAS VIOLENTÍSSIMAS; O CULTO DA ESPADA E DA FACA, O ATO DO HARAKIRI...

Exato. Um grande antropólogo do pensamento antigo, Jean-Pierre Vernant, mostra que a maior metáfora do governo grego é a do pastor, que com o cajado tange e puxa as ovelhas, exercendo sobre elas um ato de violência. É evidente o ato de condução. As pessoas não são governadas por sua livre e espontânea vontade, é necessário o cajado. Mas a metáfora na cultura chinesa para a atividade do imperador não é a do pastor, mas a do jardineiro, que supostamente é mais tranqüila. Se analisarmos bem o que significa essa atividade, o jardineiro poda os galhos, acerta-os, define-os. De formas diversas, nós temos essa posição de pessoas dominadas ou que se deixam dominar. Esta é a questão mais grave da sociologia política.

a PRÓPRIA IMAGEM DA CAVERNA ACABA SERVINDO COMO BASE DE BOA PARTE DA FILOSOFIA CONTEMPORÂNEA. tEMOS hEGEL, mARX E eNGELS, TODOS QUE USARAM ESSA METÁFORA.

Nesses casos, há uma espécie de exorcismo das passagens mais violentas e normalmente existe uma certa classificação do pensamento, com os idealistas de um lado, como se eles significassem pacifistas, o que não é verdade. Os textos mais truculentos sobre a guerra, pelo menos os que eu conheço, no século 19, são de Hegel, famoso idealista alemão, é dele a imagem de que a guerra cumpre na sociedade a função do vento purificador no pântano. A sociedade vai se estabelecendo, vai se estratificando, acostumando-se com a violência cotidiana. Aquela violência da guerra se transforma no pequeno furto, no assassinato, e isso, de certo modo, torna-se cotidiano. A sociedade vai se transformando em uma espécie de pântano malcheiroso, e vem uma guerra, e agita as águas do pântano, trazendo de volta a saúde para a sociedade. Eu acho essa imagem terrível.

nÓS PODEMOS ENCAMINHAR O RACIOCÍNIO PARA A IDÉIA DE QUE O SER HUMANO SEMPRE FOI VIOLENTO, MESMO SE APOIANDO NOS SEUS MELHORES IDEAIS EM DEFESA DA FRATERNIDADE, LIBERDADE E IGUALDADE?

É mais ou menos isso que no debate no Sesc eu tentei comunicar. Temos na história do pensamento essas duas alternativas: ou nos tornamos violentos à medida que nos afastamos da natureza e produzimos a cultura, a técnica, tendência normalmente defendida pelas pessoas que vêem o homem capaz de se regenerar através da educação; ou temos a outra via exemplificada, sobretudo, por Maquiavel e Hobbes. Isto é, o homem é um lixo, uma fera que vai refinando seus instrumentos e suas garras, transformando-as em punhal, espada e metralhadora e só pode deixar um pouco de lado esse instinto assassino através da sua percepção racional de que ele não virá por muito tempo a continuar dessa maneira. Chega um momento em que, de tanto termos assassinado, matado, percebemos que precisamos de uma trégua que só é conseguida através da razão; por ela, construímos uma entidade artificial, como o exemplo do relógio dado por Hobbes, que é a sociedade e o Estado. Ou seja, essas duas entidades garantem a cada um dos indivíduos que abriram mão do direito de matar livremente a sobrevida. O que eu tentei mostrar nesse debate é que, além dessas duas tendências extremas da Antropologia, da Política, da Filosofia, da Psicologia Social, existe uma terceira via do século 18 que é a de Diderot, que tenta mostrar que os dois lados são verdadeiros. Diz ele: "Não há nenhuma vantagem técnica que não seja paga por uma desvantagem em termos de dominação e luta recíproca." Somos capazes de nos tornar anjos ou monstros.

KOESTLER, MARXISTA, EM SEU LIVRO *JANUS*, FAZ ESSA IMAGEM, DO HOMEM DE DUAS FACES. O SENHOR ACREDITA QUE ESSA É UMA IMAGEM AINDA VÁLIDA? EM SEU CIENTIFICISMO, ELE USA DA HISTÓRIA DE QUE UMA PARTE DO CÉREBRO HUMANO É MAIS HUMANO DO QUE A OUTRA, UMA PARTE AINDA É DOMINADA PELO PRIMEIRO CÉREBRO DO HOMEM, OU SEJA, O MACACO. O SENHOR ACHA QUE ISSO PODE EXPLICAR?

Não, acho que não. Sou um grande admirador do André Leroy Guerin, um dos grandes etnólogos do século 20. O essencial do trabalho dele foi levantar milhões de anos de técnicas, milhões de anos de trabalho, de hominização. Ele tenta mostrar que não é possível separar o ato de quebrar uma pedra de uma situação puramente destrutiva, de uma situação extremamente sofisticada da inteligência. Para conseguir lascar uma pedra, já se supõe uma técnica de milhares e milhares de anos. Todo o trabalho do cérebro, das mãos e da palavra, pois Guerin privilegia a idéia da palavra como elemento de hominização. A cultura, usando uma metáfora, é mais ou menos assim: o homem não é apenas factível sobre a figura da ameba. A ameba tem uma reprodução eterna de si mesma. Ela destrói o que está fora e reproduz a si mesma. Se a cultura e o homem fossem semelhantes à figura da ameba, não teríamos nenhuma novidade, sequer técnica, sequer de pensamento. Mas também não podemos cair na metáfora da percussão, onde nunca se tem uma batida igual a outra, uma total diferença. Se você quiser entender um pouco o trabalho de produção do homem por si mesmo, é necessário um modo de unir essas duas metáforas. A reprodução do homem e a produção de outro, e aí ele trabalha na dialética do empréstimo e da invenção. "Nunca descobri um instante originário de invenção, mas também nunca descobri um empréstimo puro", diz Guerin. Toda cultura é essa dialética da invenção e do empréstimo. É uma coisa muito mais realista do que você ficar procurando setores dentro do homem que seriam mais progressivos, ou mais regressivos; é uma dialética.

O CASO DE louis althusser DEIXOU BOA PARTE DA INTELECTUALIDADE MUNDIAL ASSUSTADA. e ELE ERA UMA PESSOA SENSÍVEL, UM INTELECTUAL PODEROSO: COMO PODE SE ANALISAR ESSA REAÇÃO QUE O LEVOU A COMBATER UM CRIME?

Acho que é necessário descobrir dentro do humano essa capacidade tenebrosa. Somos muito maniqueístas no cotidiano. Por que sou contra essa terminologia toda de que o delinqüente é uma fera? Mas quem me garante que aquele senhor pacato de terno e gravata, com a sua malinha, com seu anel de médico ou doutor, não pode ser tomado por um desarranjo estrutural qualquer, por um incidente, e se tornar também uma fera? No caso do Althusser, a coisa ficou mais notória justamente pela notoriedade dele. A questão da loucura é um problema sério para nós, pois normalmente consideramos como dado exterior à vida normal do ser humano. Encaramos o louco como uma negação da humanidade. De certo modo, temos receio de perceber que possuímos esse "germe" de loucura. Isto se traduz até em termos jurídicos: quando a questão do louco não era trabalhada pela Medicina, até o século 17, quem decidia pela loucura eram os juízes e advogados, e o estatuto do louco era o estatuto do ausente. O louco era como aquele que estava ausente de si mesmo. Então ele saiu de "casa" e o que fazia o juiz nomeava alguém que tinha a curadela dos bens e da pessoa. Se a pessoa se recuperasse, aquele curador tinha de prestar contas a ela e ao juiz de tudo o que ele fez durante esse período. A partir do momento em que os médicos começaram a definir o que é a loucura, como deve ser a loucura etc., o estatuto jurídico passou a ser o estatuto do louco. Veja a violência que se faz com a figura do louco. E veja que isso aí não é um dado da *História da Loucura* de Foucault, são autores que fizeram um colóquio na Universidade da Bélgica, chamado *Loucura e Desrazão na Renascença*. São pessoas que, inclusive, são contrárias às teses do Foucault, mas que também têm dados terríveis sobre esse fenômeno da loucura. Então é muito difícil você dar um juízo do ponto de vista ético, do ponto de vista normal, do ponto de vista médico até. Estão vendo, por exemplo, a questão do aborto, da eutanásia, dos recursos médicos; como você vai empregá-los ou não. Veja, há uma questão aparentemente menor, mas há um número agora da *Revue de la Métaphysique et de la Morale* só sobre bioética, em que um dos autores vai analisando o sistema de saúde pública nos Estados Unidos e a questão dos convênios privados, e pergunta: Do ponto de vista escrito da justiça, no sentido mais amplo, é permitido ao médico deixar numa UTI um paciente terminal de câncer ou de aids, ou não? Veja, isso implica desde ouvir o paciente, se é possível ouvi-lo, a violência ou não desta internação e, inclusive – por que não? –, pensar nos gastos econômicos que isso acarreta. A todos esses aspectos, não pode responder de maneira simples.

É preciso ter bem presente que nós ainda, de fato, continuamos maniqueístas e dualistas. Quer dizer, convivemos muito bem com o louco enquanto escrevemos sobre ele, falamos sobre ele, damos entrevistas sobre ele, agora, coloque um louco aqui nesta ala e a coisa muda de figura. Esta situação é muito dura, como todas as situações-limite.

a CLASSE MÉDIA PARECE DESILUDIDA COM A QUESTÃO DA SEGURANÇA PÚBLICA DIRIGIDA PELO eSTADO E SE ORGANIZA FORMANDO CONSELHOS DE SEGURANÇA. iSTO É NORMAL?

As pessoas estão fazendo esses conselhos de segurança da mesma maneira como no período autoritário e, posteriormente, elas retiram o apoio à escola pública e tiveram a ilusão de que na escola privada termina uma espécie de educação correta e bem-feita para seus filhos. O que aconteceu? A escola pública ruiu e junto com ela houve uma queda de qualidade das escolas particulares.

Há uma proliferação de escolas, mas sem um padrão de referência. Isto também é verdadeiro na questão da segurança. Estamos desistindo de exigir do Estado um padrão de segurança civilizado. Estamos colocando a mão no bolso e contratando milícias particulares. Uma recusa do estatal significa ou retornar a uma situação em que cada um precisa cuidar da sua segurança ou a uma barbárie absoluta. O raciocínio de Hobbes me parece até hoje válido para a sociedade brasileira e qualquer outra.

O forte percebe que os fracos, em determinadas ocasiões, podem se juntar e aniquilá-lo. Quer dizer que a força física na mão de particulares não garante nada. Ou seja, não tem a abrangência universal que o Estado permite. É como se estivéssemos regredindo à Idade Média, aos feudos.

O SENHOR ACHA QUE A ÉTICA DO COTIDIANO ESTÁ SENDO VIOLENTADA PELO QUÊ?

O que percebo é que essa é a face horrenda da nossa sociedade. É sobre isso que realmente temos de pensar muito, porque, quando estamos discutindo os legisladores corruptos, discutindo os governadores, por exemplo, aquele que entrou dentro de um bar e deu um tiro na boca do adversário, esquecemos a nossa ética desde a Colônia, a ética da violência.

O BRASILEIRO SERIA UM POVO ETICAMENTE VIOLENTO?

Extremamente violento. Um dos mais violentos do planeta. Quando Sérgio Buarque de Holanda fala em cordialidade, ele está se referindo a uma teoria das paixões. Está tentando provar, no meu entender, erradamente que nós não somos uma sociedade produzida pelos mecanismos da razão. A sociedade ibérica, Portugal e Espanha, são sociedades do sentimento, baseadas na paixão, de onde vem nossa extrema violência.

O homem cordial brasileiro é justamente aquele homem que age primeiro com a paixão e, depois, com a racionalidade. Discordo disso, não acho que existe uma natureza humana característica dessa ou daquela cultura diferente da outra. Não acredito, por exemplo, que o povo alemão seja mais racional por excelência.

O SENHOR ACHA QUE O SISTEMA JURÍDICO DEVERIA SOFRER ALGUM TIPO DE TRANSFORMAÇÃO?

O que acho efetivamente é que devíamos realizar um movimento em prol de uma ética civilizada em toda a sociedade. O primeiro passo seria que encarássemos a necessidade de uma publicação da sociedade brasileira. Que tivéssemos uma propaganda do pacto social. Primeiro temos de falar em ética na sociedade; para depois falar em ética na política. Temos de resgatar o sentido da urbanidade, do civismo e isso só pode ser feito com muita autoridade.

tHOMAZ fARKAS

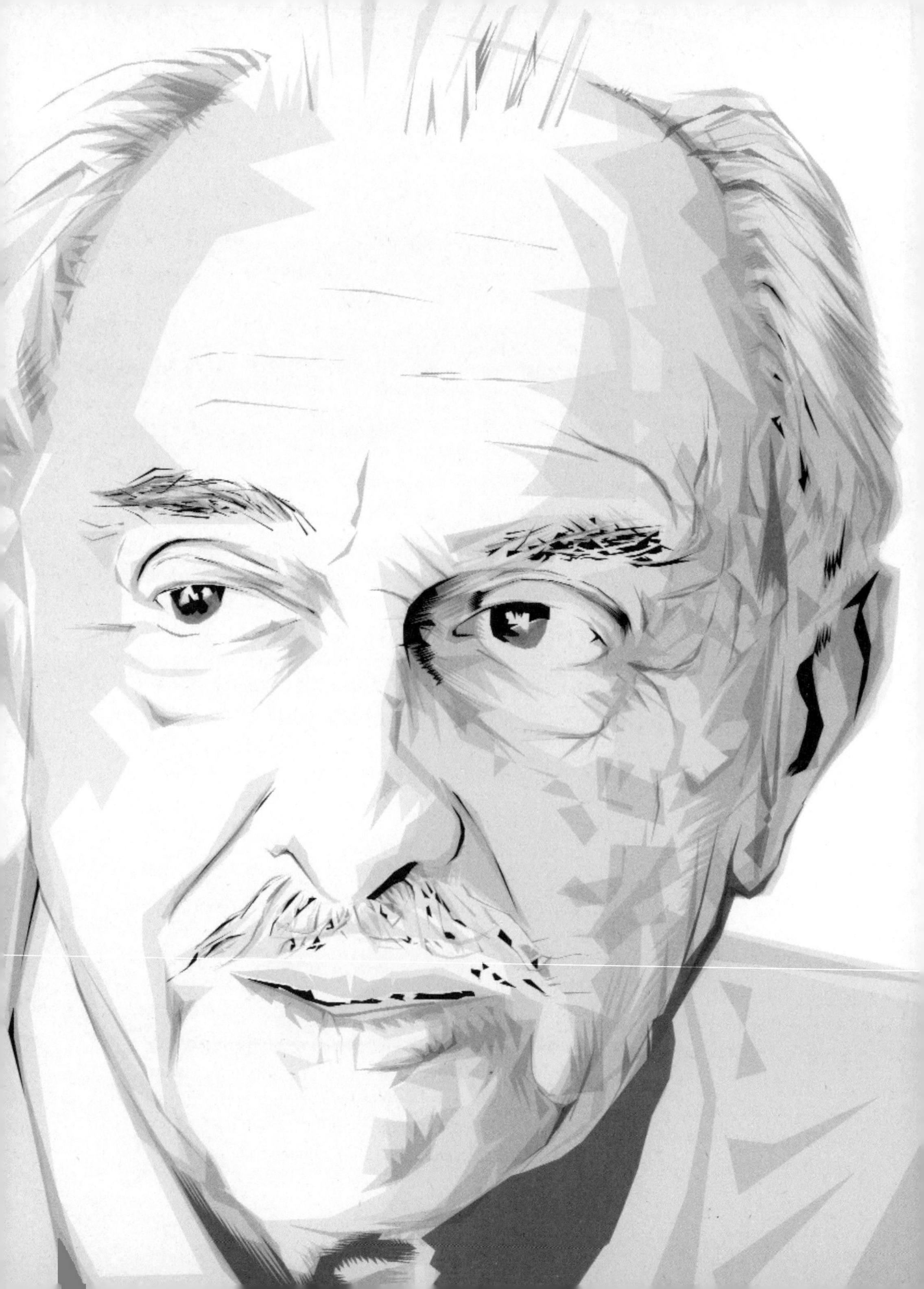

tHOMAZ fARKAS

O fotógrafo Thomaz Farkas, aos 60 anos de carreira, permanece uma pessoa extremamente otimista. "A fotografia está na moda", afirma ele. Húngaro de nascimento, chegou ao Brasil ainda criança. Seu pai fundou a Fotoptica no início do século passado, que se tornou uma referência no comércio de equipamentos e suprimentos fotográficos. Depois da venda da empresa, em meados dos anos 1990, Farkas voltou a dedicar-se em tempo integral à sua paixão. Sob encomenda do Correio Braziliense *realizou registros da Capital Federal no seu aniversário de 40 anos, que foram publicados junto com o material feito por ele durante a construção da cidade. "Costumo dizer que sou um cara marginal", afirma. "Não sou nem profissional nem amador." Thomaz Farkas conta também como resolveu fazer cinema para mostrar o Brasil aos brasileiros, durante as décadas de 1960 e 70. "As pessoas não sabiam o que era este País", comenta ele, que é presidente do Conselho da Cinemateca Brasileira. Em sua opinião, a fotografia brasileira possui qualidade internacional, mas ainda não obteve reconhecimento internacional merecido. Mas muita coisa mudou nestes 60 anos: "O fotógrafo era um pária. Ele entrava nas festas pela porta da cozinha", relembra. "Mas a fotografia brasileira ainda está por ser descoberta."*

o QUE O SENHOR TEM FEITO?
Estou tentando ganhar dinheiro lançando um portfólio com dez fotografias. Trabalho também na Cinemateca, da qual sou presidente do conselho. Não estou fotografando tanto quanto antigamente. A última coisa que fiz nessa área foi para o *Correio Braziliense*. Quando Brasília comemorou 40 anos, fizeram um caderno especial com fotografias que tirei na época da construção e algumas mais recentes. Foi muito interessante. Mas sou marginal, como costumo dizer, porque não sou profissional nem amador. Se um amigo me pedir uma foto, eu faço e não costumo cobrar. Vendo apenas fotografias antigas. Agora mesmo me telefonou uma pessoa querendo fotografias originais, *vintage*, como chamam, fotografias tiradas há muitos anos. Mas eu não as tenho, tenho apenas negativos que amplio e vendo.

oRIGINAIS SÃO COMPLICADOS DE CONSEGUIR, NÃO?
São raros. São fotografias, por exemplo, de grandes fotógrafos que já morreram, cujas ampliações têm 30 ou 40 anos. São fotografias de época. Não tenho mais nada, porque, quando fotografava, as ampliações se espalharam pelo mundo. De original tenho os negativos. Ou seja, se faço uma ampliação deles hoje, a data será também de hoje. As fotografias *vintage* têm valores altíssimos nos EUA e na Europa, mas aqui nem se fala nisso.

pOR QUE SÃO TÃO VALORIZADAS?
Porque a fotografia está na moda. Hoje há colecionadores de fotografia e gente muito rica entrando no mercado fotográfico nos EUA e na Europa, aqui não.

a ÚLTIMA bIENAL TROUXE MUITAS FOTOGRAFIAS...
Claro, assim como alguns pintores ficam na moda e todos compram seus trabalhos, a fotografia também está na moda. Algumas fotografias vintage são vendidas por 50 ou até 100 mil dólares. Por exemplo, um mexicano que deve ter cerca de 100 anos, chamado Manoel Alvarez Bravo, tem fotografias que valem muito dinheiro.

dentre os expoentes da fotografia mundial, quem seria, por exemplo, um picasso da fotografia?

Há muitos, inclusive brasileiros. Quem se destaca mais são uns três ou quatro: Miguel Rio Branco, Sebastião Salgado, Cristiano Mascaro... São fotógrafos caros e os preços correspondem a uma qualidade igualmente elevada.

as pessoas costumam dizer que Sebastião Salgado mitifica a pobreza e a torna glamourosa. O que o senhor acha disso?

Acho que não é verdade. Esse tipo de afirmação é uma idiotice. Sebastião é um fotógrafo com um olhar maravilhoso. Veja Pierre Verger, por exemplo, outro com um olhar fantástico. Salgado corre atrás das coisas e consegue fotos excelentes porque sabe o momento exato. Não mitifica a miséria, ela existe, assim como os refugiados, as crianças refugiadas, os migrantes. O seu trabalho é de reportagem. Não inventou os sem-terra, por exemplo; ele os registrou. Nada é posado. As suas fotografias são muito bem-feitas e compostas. Não embeleza nada, tira fotos muito próprias. Como é um excelente artista, tem visão. Os críticos existem e há muita inveja.

e o que o senhor pensa sobre fotógrafos mais antigos, como geraldo de barros e josé oiticica?

A época era diferente. Oiticica foi da época do fotoclube, cujas primeiras fotografias pareciam pinturas. Ou seja, o fotógrafo imitava os grandes pintores clássicos, era uma fotografia muito clássica: vasos de flores, rosas... Sou desse tempo também, mas, com o tempo, começa-se a ver outras coisas. Geraldo de Barros tinha um olhar para aquilo, ele gostava. Houve também a época dos concretistas. Chegaram muitos livros importados e houve uma influência mundial. Procurava-se fazer uma fotografia diferente. A última fase de Gasparian foi assim, a de Lorca também. Hoje em dia, vê-se que a busca é totalmente diferente. Faço parte da coleção Pirelli e vejo fotografias absolutamente diferentes das que fazia há 30 anos. Há uma abertura de vida. Acho que fotografia é amor à vida e às pessoas. Sou otimista e adoro as pessoas, gosto de ver paisagens, natureza, gente. Se fosse mais retraído, minha fotografia seria diferente. Existem várias aproximações da realidade, que mudam muito. Há os novos e os mais velhos, como eu, que tenho 60 anos de fotografia.

QUAIS SÃO OS PONTOS MARCANTES NA SUA TRAJETÓRIA COMO FOTÓGRAFO?
Comecei com coisas muito clássicas: paisagens de Campos de Jordão e sua névoa, rosas em vasos etc. Depois olhei para outras coisas, que foram se ampliando e me deram mais interesse e força. Tenho oito álbuns com fotografias desde 1940.

O SENHOR FOTOGRAFOU MUITO FUTEBOL...
Morava perto do estádio do Pacaembu. Além disso, adorava ver as pessoas torcendo. Fotografei até meus colegas da Politécnica... para você ver como todos somos variados.

QUAL É A SUA FORMAÇÃO?
Engenharia, mas nunca exerci. Desenhei laboratórios de fotografia: o da Escola de Comunicações e Artes da USP (ECA), que depois desmancharam; o do Masp, que é meu e do Geraldo de Barros; e o da Fotoptica.

ANTES, A IMAGEM NÃO OCUPAVA O ESPAÇO QUE OCUPA ATUALMENTE.
Quando freqüentava a escola veio a repressão, a ditadura. Naquela época, toda a juventude andava com barba, jaquetão e máquina fotográfica. Os jovens fotografavam tudo. Havia uma consciência política muito grande; o importante era pegar a realidade em preto-e-branco. Depois, isso foi abandonado e o pessoal começou a filmar, foi quando entrou o cinema, o Cinema Novo – época em que os mais moços deixaram de fotografar e foram fazer cinema: super-8, 16 mm, 35 mm etc. Mais tarde, continuou o cinema, mas começou a haver uma volta da fotografia. Porém, houve um período em que ela passou a ser desinteressante para os mais jovens.

O SENHOR TAMBÉM FEZ CINEMA. POR QUE ESSE PERÍODO DE DESINTERESSE PELA FOTOGRAFIA?
Havia um motivo político. Queríamos fazer uma reportagem sobre ligas camponesas. Depois, com a repressão, vimos que isso

era impossível. Então inventamos outra coisa: mostrar o Brasil para os brasileiros, o que era revolucionário. Afinal, não havia televisão e o pessoal do Maranhão não sabia como era o Rio Grande do Sul, por exemplo. Achei que fazer uma série de filmes sobre a realidade brasileira era muito mais importante que fazer fotografias. Fizemos uns 20 ou 30 filmes sobre todo o Brasil.

eM QUE ÉPOCA FOI ISSO?

Nos anos de 1970/80. Percorremos o Brasil para mostrar o resultado nas escolas, mas os professores se assustavam um pouco porque pensavam que o filme iria substituir sua figura na sala de aula, o que resultou em certa resistência acoplada a uma questão técnica: para mostrar um filme em sala de aula era preciso trazer o projetor, montar uma tela, um alto-falante e colocar o filme. Era um verdadeiro trabalho de engenharia e os professores não estavam preparados para isso. Hoje, você pega uma caixa, põe dentro de outra e está tudo resolvido, por assim dizer. Voltando à sua pergunta sobre a imagem: hoje, a facilidade da imagem é muito maior do que naquele tempo. Nossos filmes não tiveram muito sucesso, nunca ganhei dinheiro com eles.

eNTÃO, O SENHOR FOI MOVIDO PELO DESCONHECIMENTO DO BRASILEIRO ACERCA DE SEU PRÓPRIO PAÍS?

Achava que ele não o conhecia. A televisão estava começando e ainda não se fazia documentação. Mais tarde foi feito o *Globo Repórter*, produzindo reportagens sobre o Brasil. Levei nossos filmes para a TV Cultura, na época, mas eles acharam que tinha muita miséria e não quiseram. Ou seja, Sebastião Salgado não seria tão aceito naquele tempo. É o que digo: a época muda e as coisas também. É preciso estar de acordo com a sua época, antenado. Você pode fazer o que quiser, mas deve saber onde está se colocando.

gERALDO DE bARROS E oITICICA USAVAM O PRETO-E-BRANCO, O QUE ERA TÍPICO DA ÉPOCA. hOJE EM DIA, TEM MUITO FOTÓGRAFO TEORIZANDO SOBRE ISSO.

A cor engana. É muito fácil fazer, difícil é fazer bem. A primeira coisa que o fotógrafo deve fazer é enquadrar, ou seja, definir o que ele quer fotografar. Ele vê tudo em cores, se fará a foto em cores ou não, depende dele. Discutíamos muito sobre os nossos filmes, se eles seriam coloridos ou não. Começamos com preto-e-branco, depois chegamos à conclusão de que pelo fato de a vida ser colorida, era melhor fazer em cores, além disso, a televisão não queria mais nada em preto-e-branco. Há também a questão econômica: ampliar um negativo em preto-e-branco é mais barato.

a FOTOGRAFIA BRASILEIRA TEM, HOJE, UM STATUS INTERNACIONAL?
Qualidade internacional sim, status ainda não. Sabemos quem tem valor entre nós: tem gente maravilhosa em Belém do Pará, Manaus, Porto Alegre, Minas... mas ninguém lá fora sabe disso. Mas veja, é muito caro levar alguém daqui para lá. Quanto custa? Mil dólares? É muito dinheiro. Nos EUA, você vai de ônibus de uma cidade para outra, todos o acolhem, há interesse, os museus compram fotografias, há revistas de arte etc. Aqui, ainda não. Mas é possível que aconteça e nos esforçamos para isso. Abrimos a revista de fotografia para divulgar o fotógrafo, para que ele tenha uma possibilidade de expor seus trabalhos – antes não tinha, ele era um pária, entrava nas festas pela porta da cozinha, era malvisto, pobre, malvestido... Esse conceito foi melhorado um pouco por Jean Manzon, o francês que mudou a imagem do fotógrafo. No entanto, a fotografia brasileira ainda está para ser descoberta.

o SENHOR FICOU UM BOM TEMPO SEM PROMOVER SEU TRABALHO, NÃO?
Não sou de trombetear. Mas meu filho, que é designer gráfico, me convenceu a fazer um livro. Houve uma exposição no Masp e de vez em quando aparecem outras oportunidades: fiz uma exposição em Porto, Portugal, no Centro Português de Fotografia; uma em Paris, na Embaixada Brasileira; e, recentemente, uma na Rua Maria Antônia, que foi para o Rio de Janeiro, no Instituto Moreira Salles.

nESSES 60 ANOS DE FOTOGRAFIA, O QUE LHE PROPORCIONOU MAIS ALEGRIA?
Ah, Brasília... sem dúvida. Foi um grande prazer fotografá-la em dois momentos: durante sua construção e recentemente. Gosto

muito de fotografar, mas as máquinas são pesadas demais. O médico me advertiu que se eu continuasse a andar com esses equipamentos minha coluna iria embora, então, arranjei uma máquina igualmente boa, mas leve. Talvez a coisa mais bonita, alegre e humana da fotografia seja o momento de retirar as fotos no laboratório: você abre o envelope e aquilo é uma obra sua. Não vou dizer que seja uma obra de arte, mas é sua, você a fez. É como ser um artista doméstico. Esse é um momento maravilhoso para um fotógrafo profissional e também para os amadores.

CONSELHO REGIONAL DO SESC DE SÃO PAULO

Presidente: Abram Szajman
Membros Efetivos: Carlos Eduardo Gabas, Cícero Bueno Brandão Júnior, Eduardo Vampré do Nascimento, Eládio Arroyo Martins, Fernando Soranz, Heiguiberto Guiba Della Bella Navarro, Ivo Dall'Acqua Júnior, José Maria de Faria, José Santino de Lira Filho, Luciano Figliolia, Manuel Henrique Farias Ramos, Orlando Rodrigues, Paulo Fernandes Lucânia, Valdir Aparecido dos Santos, Walace Garroux Sampaio.
Suplentes: Amadeu Castanheira, Arnaldo José Pieralini, Henrique Paulo Marquesin, Israel Guinsburg, Jair Toledo, João Herrera Martins, Jorge Sarhan Salomão, José Maria Saes Rosa, Mariza Medeiros Scaranci, Mauro José Correia, Mauro Zukerman, Rafik Hussein Saab, Vagner Jorge.
Representantes no Conselho Nacional. Efetivos: Abram Szajman, Euclides Carli, Raul Cocito.
Suplentes: Aldo Minchillo, Manuel José Vieira de Moraes.
Diretor do Departamento Regional: Danilo Santos de Miranda.

Impressão e Acabamento
GEOGRÁFICA editora